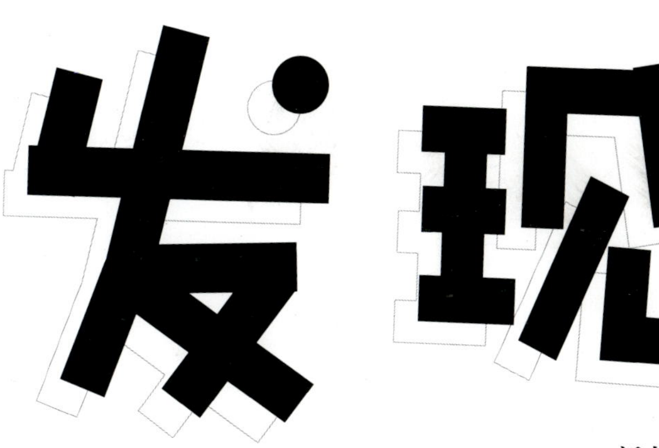

发现之旅

新光传媒◎编译

Eaglemoss出版公司◎出品

FIND OUT MORE

体育与竞技

石油工業出版社

图书在版编目（CIP）数据

体育与竞技 / 新光传媒编译. —北京：石油工业出版社，2020.1
（发现之旅. 人体篇）
ISBN 978-7-5183-3158-1

Ⅰ. ①体… Ⅱ. ①新… Ⅲ. ①竞技体育－普及读物
Ⅳ. ①G8-49

中国版本图书馆CIP数据核字（2019）第035367号

发现之旅：体育与竞技（人体篇）

新光传媒　编译

出版发行：石油工业出版社

（北京安定门外安华里 2 区 1 号楼　100011）

网　　址：www.petropub.com

编 辑 部：（010）64523783

图书营销中心：（010）64523633

经　　销：全国新华书店

印　　刷：北京中石油彩色印刷有限责任公司

2020 年 1 月第 1 版　2020 年 1 月第 1 次印刷

889×1194 毫米　开本：1/16　印张：7.5

字　　数：90 千字

定　　价：32.80 元

（如出现印装质量问题，我社图书营销中心负责调换）

编辑说明

“发现之旅”系列图书是我社从英国 Eaglemoss（艺格莫斯）出版公司引进的一套风靡全球的家庭趣味图解百科读物，由新光传媒编译。这套图书图片丰富、文字简洁、设计独特，适合 8 ~ 14 岁读者阅读，也适合家庭亲子阅读和分享。

英国 Eaglemoss 出版公司是全球非常重要的分辑读物出版公司之一。目前，它在全球 35 个国家和地区出版、发行分辑读物。新光传媒作为中国出版市场积极的探索者和实践者，通过十余年的努力，成为“分辑读物”这一特殊出版门类在中国非常早、非常成功的实践者，并与全球非常强势的分辑读物出版公司 DeAgostini（迪亚哥）、Hachette（阿谢特）、Eaglemoss 等形成战略合作，在分辑读物的引进和转化、数字媒体的编辑和制作、出版衍生品的集成和销售等方面，进行了大量的摸索和创新。

《发现之旅》（*FIND OUT MORE*）分辑读物以“牛津少年儿童百科”为基准，增加大量的图片和趣味知识，是欧美孩子必选科普书，每 5 年更新一次，内含近 10000 幅图片，欧美销售 30 年。

“发现之旅”系列图书是新光传媒对 Eaglemoss 最重要的分辑读物 *FIND OUT MORE* 进行分类整理、重新编排体例形成的一套青少年百科读物，涉及科学技术、应用等的历史更迭等诸多内容。全书约 450 万字，超过 5000 页，以历史篇、文学・艺术篇、人文・地理篇、现代技术篇、动植物篇、科学篇、人体篇等七大板块，向读者展示了丰富多彩的自然、社会、艺术世界，同时介绍了大量贴近现实生活的科普知识。

发现之旅（历史篇）： 共 8 册，包括《发现之旅：世界古代简史》《发现之旅：世界中世纪简史》《发现之旅：世界近代简史》《发现之旅：世界现代简史》《发现之旅：世界科技简史》《发现之旅：中国古代经济与文化发展简史》《发现之旅：中国古代科技与建筑简史》《发现之旅：中国简史》，主要介绍从古至今那些令人着迷的人物和事件。

发现之旅（文学·艺术篇）：共 5 册，包括《发现之旅：电影与表演艺术》《发现之旅：音乐与舞蹈》《发现之旅：风俗与文物》《发现之旅：艺术》《发现之旅：语言与文学》，主要介绍全世界多种多样的文学、美术、音乐、影视、戏剧等艺术作品及其历史等，为读者提供了了解多种文化的机会。

发现之旅（人文·地理篇）：共 7 册，包括《发现之旅：西欧和南欧》《发现之旅：北欧、东欧和中欧》《发现之旅：北美洲与南极洲》《发现之旅：南美洲与大洋洲》《发现之旅：东亚和东南亚》《发现之旅：南亚、中亚和西亚》《发现之旅：非洲》，通过地图、照片和事实档案等，逐一介绍各个国家和地区，让读者了解它们的地理位置、风土人情、文化特色等。

发现之旅（现代技术篇）：共 4 册，包括《发现之旅：电子设备与建筑工程》《发现之旅：复杂的机械》《发现之旅：交通工具》《发现之旅：军事装备与计算机》，主要解答关于现代技术的有趣问题，比如机械、建筑设备、计算机技术、军事技术等。

发现之旅（动植物篇）：共 11 册，包括《发现之旅：哺乳动物》《发现之旅：动物的多样性》《发现之旅：不同环境中的野生动植物》《发现之旅：动物的行为》《发现之旅：动物的身体》《发现之旅：植物的多样性》《发现之旅：生物的进化》等，主要介绍世界上各种各样的生物，告诉我们地球上不同物种的生存与繁殖特性等。

发现之旅（科学篇）：共 6 册，包括《发现之旅：地质与地理》《发现之旅：天文学》《发现之旅：化学变变变》《发现之旅：原料与材料》《发现之旅：物理的世界》《发现之旅：自然与环境》，主要介绍物理学、化学、地质学等的规律及应用。

发现之旅（人体篇）：共 4 册，包括《发现之旅：我们的健康》《发现之旅：人体的结构与功能》《发现之旅：体育与竞技》《发现之旅：休闲与运动》，主要介绍人的身体结构与功能、健康以及与人体有关的体育、竞技、休闲运动等。

“发现之旅”系列并不是一套工具书，而是孩子们的课外读物，其知识体系有很强的科学性和趣味性。孩子们可根据自己的兴趣选读某一类别，进行连续性阅读和扩展性阅读，伴随着孩子们日常生活中的兴趣点变化，很容易就能把整套书读完。

目录 CONTENTS

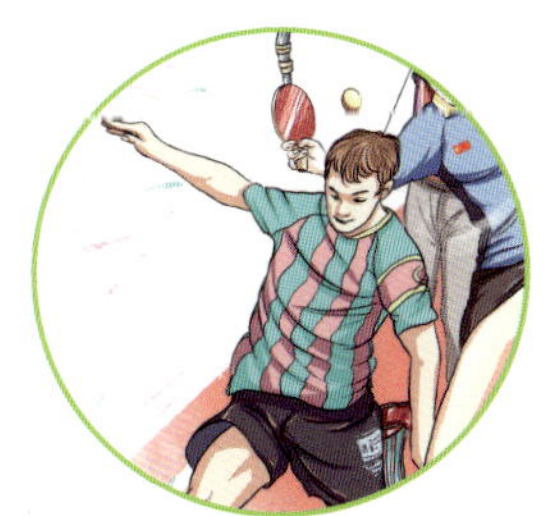

肌肉和运动

我们的每个动作——从伸伸小手指到攀越山峰——都是在肌肉的帮助下完成的。肌肉的存在使生命延续，然而，它们很少被我们注意。

人体内有三种类型的肌肉群。骨骼肌是最主要的一种，它们通常用于牵动骨头。平滑肌控制人体内脏，例如把食物推入肠道，或者把尿液推出膀胱。心肌维持心脏跳动，并将血液推向全身各处。

除了帮助运动，肌肉还负责维持体温，有 80% 以上的身体热量都是通过肌肉活动产生的。在运动过程中，肌肉的活动能让人感觉暖和。

骨骼肌

人体内大约有 650 块骨骼肌，它们是人体最大的肌肉群，能使骨骼伸展自如。有的骨骼肌直接附着在骨骼上，有的通过又长又厚的肌腱与骨骼相连。人体的动作有的由少量肌肉就可以完成；有的动作，如上下跳跃，则需要许多肌肉的协作。

骨骼肌是如何工作的呢？

骨骼肌也被称为随意肌，因为它只有在得到大脑发出的命令时才会工作。而平滑肌和心肌则不是随意肌，因为它们的运动并不由人的意志控制。

▲ 这是电影《野蛮人柯南》的剧照。照片中的人物是好莱坞著名演员阿诺德·施瓦辛格。长年的体能训练，并辅以特制的高蛋白食物，使他的手臂肌肉非常发达，胸部肌肉也很强壮。

骨骼肌纤维与神经相连。当我们要做某个动作时，大脑以电脉冲方式发出信号，这个信号沿脊椎向下传递，到达

面部肌肉

人的表情是由脸部肌肉牵引皮肤产生的，而不是由活动关节上的骨头引起的。

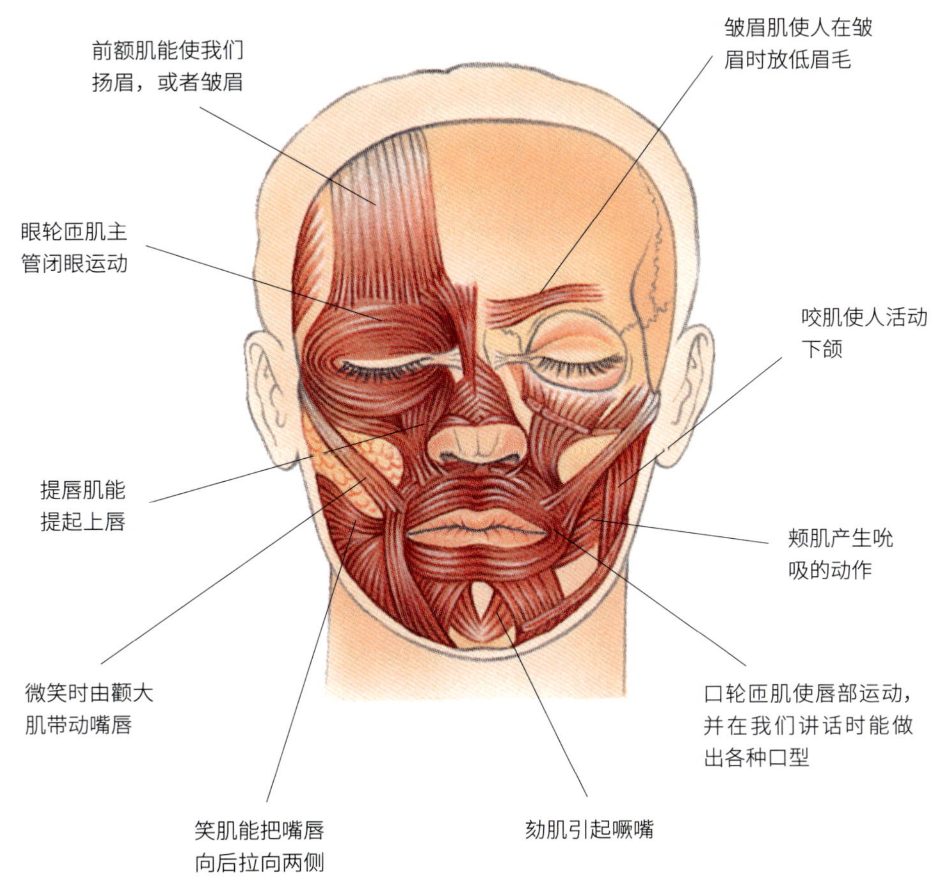

相应肌肉纤维连接的神经。纤维中浅色区域带和深色区域带的蛋白质相互作用，使肌肉收缩变短。肌肉的收缩，又使与之相连的骨头在关节上运动。肌肉可以收缩为它实际长度和实际体积的 1/3。

肌肉只有拉力没有推力，因此，大部分肌肉需要相互配合才能运动。一块肌肉收缩，使与其相连的骨伸展，而与之相对应的另一块肌肉的收缩，又使与之相连的骨回到原处。这种相互对应的肌肉叫“拮抗肌”，“屈戌关节”（又称“滑车关节”）就是由这类肌肉控制的。手臂和腿部的“屈肌”在关节上让骨弯曲，“伸肌”能使手臂和腿部伸直；手臂的“外展肌”能使双臂在身体两边展开，“内收肌”则使手臂收回并靠近身体中央。我们做熟悉的动作时，如走路，无须思考便可顺利进行，而在学习一种新的运动方式时，如学骑自行车，则需要更多的注意力。

人体肌肉

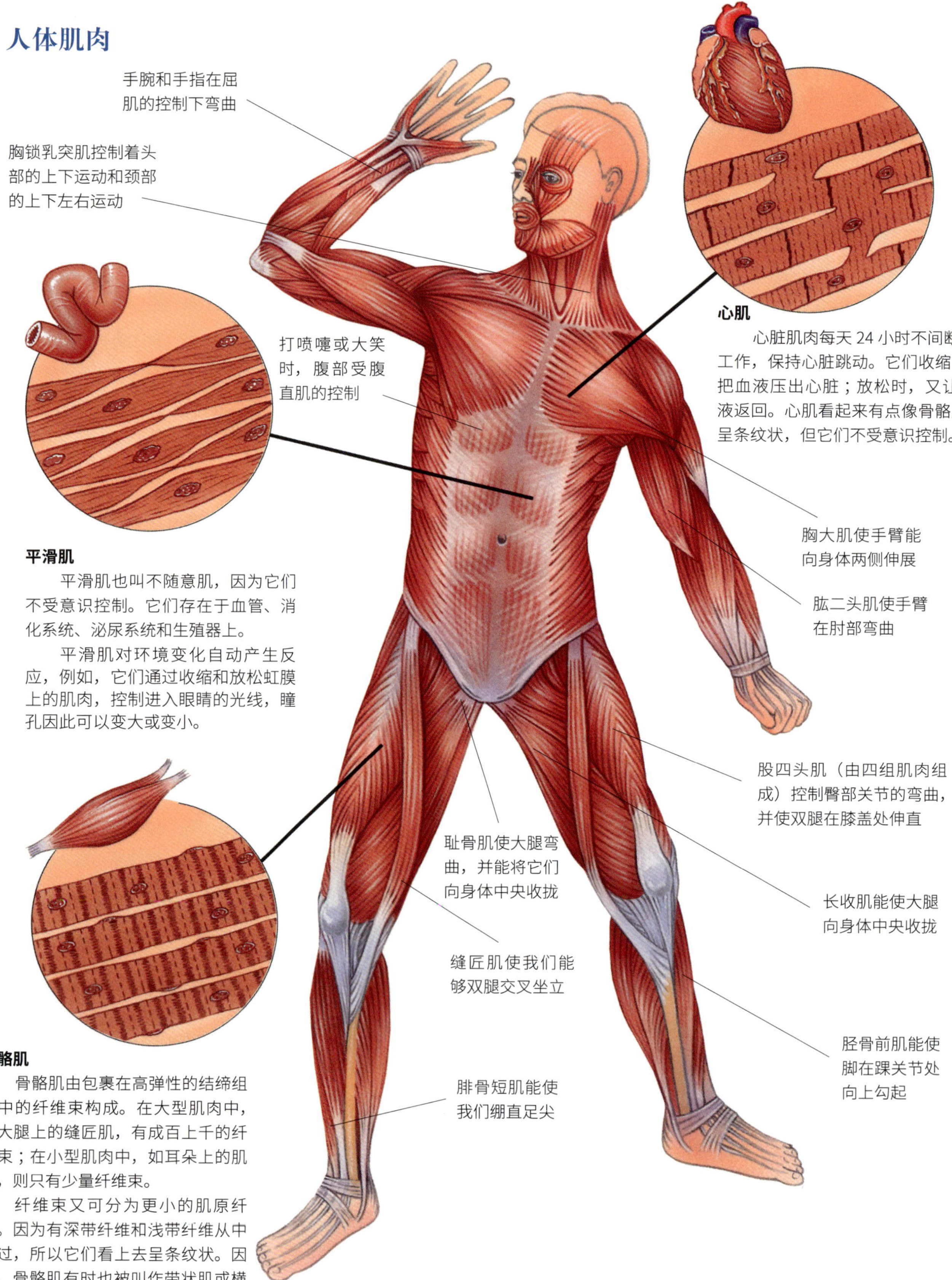

心肌

心脏肌肉每天 24 小时不间断地工作，保持心脏跳动。它们收缩时，把血液压出心脏；放松时，又让血液返回。心肌看起来有点像骨骼肌，呈条纹状，但它们不受意识控制。

平滑肌

平滑肌也叫不随意肌，因为它们不受意识控制。它们存在于血管、消化系统、泌尿系统和生殖器上。

平滑肌对环境变化自动产生反应，例如，它们通过收缩和放松虹膜上的肌肉，控制进入眼睛的光线，瞳孔因此可以变大或变小。

骨骼肌

骨骼肌由包裹在高弹性的结缔组织中的纤维束构成。在大型肌肉中，如大腿上的缝匠肌，有成百上千的纤维束；在小型肌肉中，如耳朵上的肌肉，则只有少量纤维束。

纤维束又可分为更小的肌原纤维。因为有深带纤维和浅带纤维从中穿过，所以它们看上去呈条纹状。因此，骨骼肌有时也被叫作带状肌或横纹肌。

你知道吗？

小与大

在身体重量中，肌肉平均占了40%。

最大的肌肉是臀大肌（臀部肌肉）；最小的肌肉在耳朵上，只有1毫米长；最长的是腿部的缝匠肌，有30厘米长；最繁忙的是眼部肌肉，每天要运动10万次；最强壮的是脸部两边的肌肉，被称为咀嚼肌，用于咀嚼。

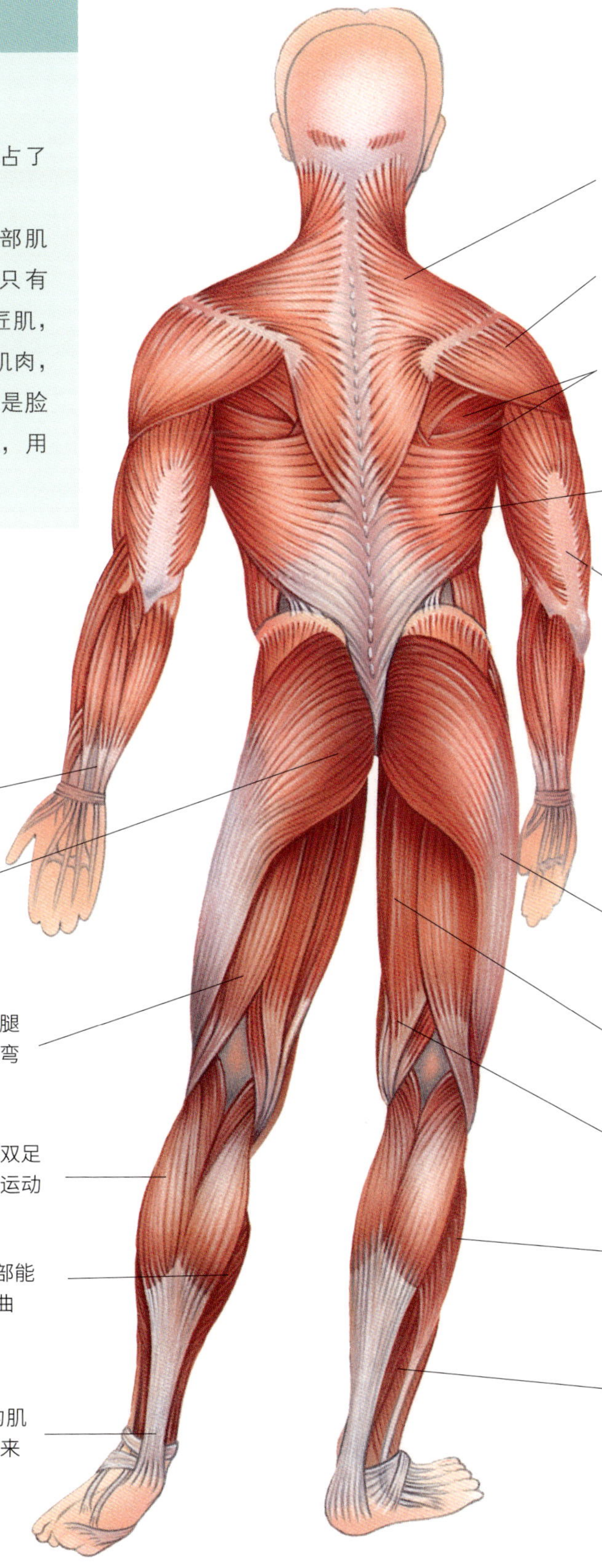

精力和运动

肌肉需要足够的能量支撑才能进行有效运动。这些能量以氧气和葡萄糖的形式，被血液输送给身体各处的肌肉。耗费体力的运动使肌肉消耗更多能量。在运动中，心脏的跳动速度也会加快，并加快血液循环，输送更多能量。通常情况下，心脏一分钟约跳动 60 ~ 100 次，但在激烈运动过程中，心脏一分钟可以跳动 150 次左右。

运动量很大时，肌肉中会产生乳酸，所以我们在运动后可能会四肢酸痛。当心脏不能及时为肌肉供氧时，就会产生乳酸。运动停止后，人仍然会大量吸入空气至肺部，直到足够的氧气被送到肌肉处以清除乳酸。

手臂肌肉

上臂的肱二头肌和肱三头肌朝相反方向运动——它们是一组对抗肌。

肱二头肌使手臂弯曲，肱三头肌负责将其伸展。当肱二头肌收缩时，它拉动前臂，使其抬高，并弯曲肘部，肱三头肌则放松。当肱三头肌收缩时，肱二头肌放松，手臂就伸直了。

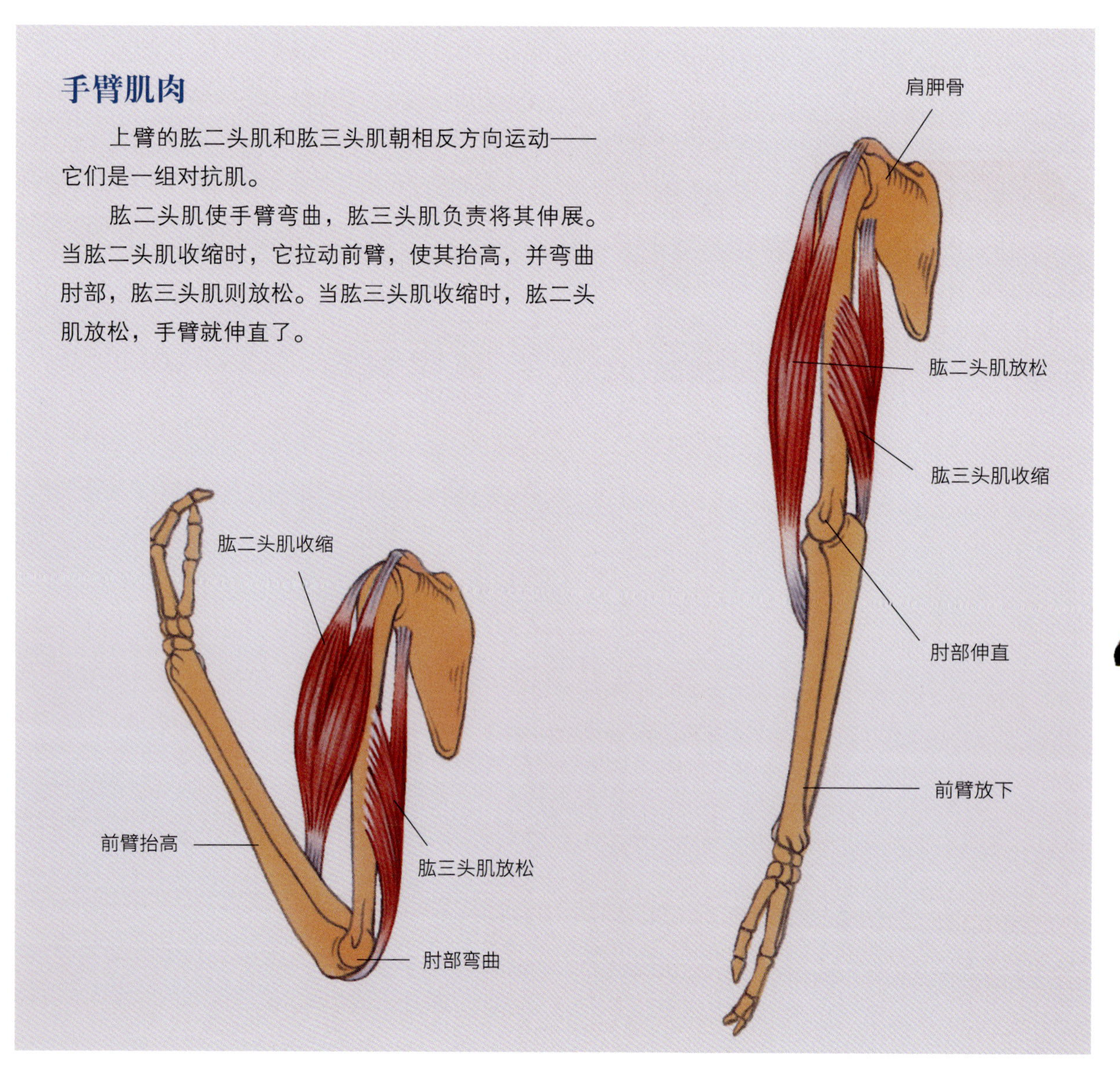

不同类型的运动对肌肉产生不同的作用。持久性运动，像长跑或游泳，可以强化心脏、肺和血管，使它们更有效地传送能量，保证身体各部分长时间保持运转，但肌肉大小却不会有明显改善。

其他形式的运动，如举重，要巨大的力量，但却只需短时间的爆发力，而且与之相关的肌肉会变得更发达、强壮，并且只会对某类重体力型的运动反应敏感。

开始运动前，通过一些缓慢舒展的动作，做热身运动非常重要。热身运动可以为肌肉和心脏增加血液和氧气，帮助身体做好运动准备，肌肉的温度会升高，会更富有弹性，更能有效地避免受伤。

▲ 一周两到三次的运动，每次至少20分钟，可使肌肉结实健康。如果不经常运动，肌肉便会松弛下来。

大开眼界

阿喀琉斯脚踝

跟腱将腿肚上的肌肉与脚后跟相连。它是人体最强壮的肌腱，但也是最容易受伤的部位。

阿基里斯是希腊史诗《伊利亚特》中的一个英雄。他母亲提着他的脚踝，把他放入冥河水中浸泡。因此，除了没有被河水浸泡过的脚踝（因为被他母亲双手抓住的脚踝，没有浸入河水中），阿喀琉斯全身刀枪不入。最终，他被毒箭射中脚踝而死。

现在，当我们提到某人有什么致命弱点时，我们就说这是他的阿喀琉斯脚踝。

保持健康

起床锻炼！大多数人这么做是因为乐趣，但其实锻炼还有许多好处。有规律的锻炼可以让我们更加健康，更加精神焕发，心情更加放松，也更自信。

要保持身体健康，需要有规律地锻炼，并且还要遵循合理的饮食习惯。锻炼的形式有很多种，从围绕着街区慢跑，到游泳和球类运动。不管你选择哪项运动，你都要确定自己很喜欢这项运动，只有这样你才能够坚持下去。你不必通过剧烈的运动来达到锻炼的目的，每周进行两三次 20 分钟的锻炼，要比每周只有一天持续运动几个小时，而其余时间不做任何锻炼好得多。

在开始任何形式的锻炼之前，总是需要先通过温和的慢跑和缓慢的肢体伸展来热身。热身会使你的心跳加快，输送更多的氧气以满足身体的需要，同时还可以放松肌肉，使关节处的软骨增厚，使它们更强健，从而避免拉伤。即将进行的运动项目耗能越多，所需要的热身时间也就越长。

在锻炼的过程中，要时刻“聆听”你的身体。如果你突然感到疼痛或者眩晕，就要立即停止——这是你的身体在告诉你，某些地方不太对劲。

结束锻炼之后，要进行一段缓和的慢跑和伸展，然后再彻底停下来，这会帮助你的心跳恢复到正常的节律。如果突然终止运动，你可能会感到头晕眼花。放松运动还能帮助你防止肌肉酸痛或者僵硬。

◀ 为自己的生活增添一些活力吧！通过有规律的运动，你将获得健康、活力、自信，并能够享受到生命的激情，你会情不自禁地为此欢呼雀跃的！

锻炼的好处

有规律的锻炼主要可以给我们带来三个方面的好处：增强身体的耐力、柔韧性和肌肉的力量。同时，锻炼还能降低患心脏病的风险，帮助消化，促进食欲，改善皮肤和头发的状况。

不同的体育运动对身体的益处各不相同。但大多数运动都不只带来一种好处。比如游泳，这是一项很好的全身运动，它能同时增强身体的耐力、柔韧性和力量。

像游泳、慢跑、壁球、网球、跳舞和健美操这些运动，能增强耐力，使你长时间保持精力旺盛。这些运动被称为有氧运动，因为它们锻炼了肺和心脏的功能，使心肺更有效率地吸收氧气并将氧气输送到全身。有氧运动还能加快身体从食物中释放能量（新陈代谢）的速度，更快地燃烧脂肪，使你保持苗条的身材。

有一些运动，如跳舞、体操、游泳、瑜伽、空手道之类的运动，能够使你的关节变得更加柔韧，防止它们僵化。柔韧性的增强意味着你的身体更容易进行扭曲、伸展和旋转，从而避免受伤，而且它还能修正你的站姿，使你的仪态更加美观。

还有些运动，如弹跳、骑自行车上陡坡、举重、仰卧起坐、俯卧撑等，可以通过能量的瞬时爆发来增强肌肉的力量。软绵绵的肌肉可以变得强健有力，使你的体形更好看。不过，未成年人不应该试图通过练习举重，塑造如健美先生或者健美小姐那样的身材，因为未成年人的肌肉和关节仍在发育，很容易受到损伤。在仰卧起坐和俯卧撑这样的运动中，身体能够提供一定的力量，因此更加安全一些。

你知道吗？

快乐荷尔蒙

锻炼不仅对身体大有好处，而且对精神也很有帮助。如果你精力旺盛地运动 30 分钟以上，你的中枢神经系统就会开始向血液中释放一种名叫内啡肽的化学物质。这种物质将使你保持自然的愉快状态——你会感到快乐、平静和满足。内啡肽还能起到镇痛剂的作用。

健身运动

通过这个图表，查看一下你最喜欢的体育运动对提高耐力、柔韧性和力量分别有多大的帮助。最高分为 5 分，最低分为 1 分。这些分值只是一个参考，任何一种运动给你带来的健身效果，都与你的运动频率以及努力程度息息相关。

	耐力	柔韧性	力量
篮球	5	3	3
板球	2	2	2
自行车	5	2	3
跳舞	5	5	2
钓鱼	1	1	1
足球	3	3	3
体操	2	5	4
曲棍球	3	3	3
骑马	3	2	2
慢跑	5	2	3
柔道	3	3	4
空手道	3	4	3
健美操	4	4	3
橄榄球	3	3	4
长跑	5	2	2
壁球	4	3	3
游泳	4	5	4
网球	3	3	3
举重	2	2	5

▲ 如果你想在泥地里打滚，就尝试一下橄榄球吧！而且，橄榄球也是一种有效的全面锻炼项目，它既能锻炼力量、耐力，又能增强柔韧性。像这样的团队运动还有其他的好处，它能够帮你交到更多的朋友，并享受到团队合作的乐趣。

运动着装

许多锻炼项目都要求你穿着一套舒适宽松的服装以及一双运动鞋。棉质的衣服是最合适的，因为它们能够吸汗。选择一双厚底鞋有助于保护好你的双脚——不要只是热衷于那些最新的款式。皮质的运动鞋要比化纤质地的好，因为它们可以让你的脚自由地“呼吸”。如果你想要尝试的运动需要昂贵的专业运动装备，不要草率地购买。先借一套或者租一套来用，直到你确定自己会坚持这项运动。

◀ 肌肉会因为运动而变得强健。进行有规律的强度训练，用重物来加大肌肉的负荷，能增强肌肉的力量，提高肌肉的效率，并使肌肉变得更加结实有型。

足球

足球是世界上普及性最强的团体运动，在全球200多个国家和地区中有几亿球迷。从英国学校的运动场到巴西的海滩，只要有一只足球，任何一群男孩或女孩都可以痛痛快快地踢上一场。

通常认为，现代足球是英国人发明的，但我们今天所使用的规则却是从古希腊和古代中国的无数场球赛中发展起来的。1世纪，罗马人的军队首先把一种类似于足球的运动带到了英国。

中世纪时，人们根本不承认足球是现代运动的一种。成百上千的年轻人在小镇的街头哄抢着足球，手脚并用。那时还只有靶子，没有球门。选手们为了抢球打成一团，场面非常野蛮，动辄有人受伤。因为这个，好几位英国国王下令禁止这项运动，其中包括理查二世和亨利四世。

▶ 墨西哥的守门员乔治·凯姆普斯纵身跃起扑球，以阻止爱尔兰的汤米·科恩的头球破门。守门员是唯一允许用手触球的人——只要他在己方禁区内，而且，在场上守门员的衣服颜色通常是最鲜艳的！

19 世纪早期，英国的公立学校在踢足球时各有各的规则，结果学生们进入大学后，局面就变得很混乱。1848 年，剑桥大学的学生们制订了第一部共同规则，随后，足球协会（成立于 1863 年、负责组织全英国的足球运动）对其进行了改进和完善。这套规则对后来由 FIFA（国际足球联盟）批准、在世界范围内适用的足球准则有很大的影响。作为足球运动的主要管理机构，FIFA 负责推广足球运动，监督国际赛事，并维持足协成员国之间的友好关系。

如何进行比赛

一场足球比赛是在两个球队之间展开的，赛程 90 分钟，分上、下两个半场，中间有一段半场休息时间。比赛目的就是通过脚踢或者头顶，把球送进对方的球网，让本方的得分超过对手。

虽然也有小型的足球队，比如每队 5 人，但通常每支球队的上场球员为 11 人。每队还有一定数量的替补队员，以备换下那些在场上受伤或是表现欠佳的选手。

守门员：每支球队都有一个守门员，他站在己方球门的两个门柱之间，防止对方攻球入网。

后卫：他们的职责是通过阻挡射门和贴身阻截，来阻挡对方的进攻。

前锋：他们往往是场上的明星，因为大部分进球都是他们攻进的。通常是一个前锋带球绕过对方的后卫，把球射进对方的球网。

中场球员：他们是后卫和前锋之间的联系人。他们能阻截、抢断对方的球，并把球传给己方的前锋。

在 2004 年欧洲足球联盟举办的欧锦赛中，法国队的齐达内以任意球方式连进两球，大卫·贝克汉姆率领的英格兰队想跃起挡球，但也无济于事。

服装

足球运动员穿着带有本队颜色的短袖衫、短裤和短袜（有特殊颜色条纹的球衣）。短袖的背面印有号码与姓名，以辨认每一位球员。

每支球队至少有两套不同颜色的服装。要是在自己的运动场比赛，队员们就穿上主场的服装；要是在对方的场地比赛，他们就穿上客场的服装。选手们必须穿上胫骨防护装置，以防受伤。但对他们穿的鞋却没有规定——只有一条规则说："运动员不应穿着任何会对其他运动员造成伤害的服装。"

▲ 两个犯规，一个判罚！在 2002 年韩日世界杯上，在墨西哥对美国的下半场比赛中，墨西哥的曼纽尔·韦德里奥造成两个犯规，他踢到美国队的埃迪·刘易斯并用手触到球，韦德里奥因这两个犯规被出示黄牌一张。

有关规则

比赛用球必须是球形的，由皮革或其他安全材料制成。球的圆周长必须在 0.68 米到 0.7 米之间，重量在 410 克到 450 克之间。比赛当中如果要换球，必须征得裁判员的同意。

裁判员和两名助理裁判员负责执行规则，其中裁判员的裁定是最终结果，不容争论。要是有人犯规或者比赛不

贝利，伟大的足球运动员

巴西前锋贝利 16 岁就为国家队踢了第一场球，他于 1958 年和 1972 年分别两次出现在世界杯冠军队中。他体格强健，球技优美而流畅，而且极富想象力。在他的运动生涯中共射进 1300 多个球。在 1994 年和 2002 年的世界杯上，巴西队第 4 次和第 5 次分别获得冠军，创造了新的夺冠纪录。

▲ 足球运动对抗性很强，运动员在激烈争抢中难免受伤，因此个人体能训练尤为重要。在图中的这场西班牙国家德比的比赛中，巴塞罗那队梅西正突破皇家马德里队的拉莫斯，奋力拼抢。

▲ 当球员犯规时，裁判向其出示黄牌以示警告。而这名球员再次严重犯规时，他就会被出示红牌，然后很没面子地被罚出场。如果球员犯规的情况非常严重，也许裁判第一次就会出示红牌了。图中，在一场2004年8月的球赛中，德国沙尔克04足球俱乐部的球员艾尔顿对罗斯托克队的球员两次犯规使他遇上了麻烦。

公平，裁判员可以吹哨暂停比赛。

一方犯规时，另一方可以获得任意球的机会。这意味着球员可以在不受对方后卫干扰的情况下把球踢出去。大多数球员发任意球时力量都非常大，在20米开外就能入网得分。如果是在禁区内犯规，就会被判罚点球，进攻一方的球员可以在距球门线约11米的罚球点处射门，另一方只能由守门员一人防守。

每条边线都有一名助理裁判员，密切留意着裁判员可能没注意到的情况。要是球滚出了场地，助理裁判员会举旗示意，并裁断是哪支球队把球踢了出去或者最后触球，另一支球队会把球掷回球场继续比赛（边线球）；要是球过了底线，守门员就负责开球门球。

有关越位的规定是最复杂的。这是为了防止进攻一方的球员把球传给站位比对方最后一名后卫还更接近对方球门的队友。要是有人越位，助理裁判员就会举旗示意，判罚一个任意球。

比赛

很多国家都有业余的足球联盟，各个俱乐部为奖杯而战，但不用为球员支付工资。再上一级呢，半专业的足球运动员踢球时会得到一点报酬，但同时还有另外一份工作。成功的半专业球队可以赢得转成职业球队的机会，那时球员们就通过

◀ 1930年7月30日在蒙得维的亚举行的首届世界杯决赛前，乌拉圭队的队长何塞·纳萨兹与阿根廷队的队长曼努尔-费雷拉握手。最终，乌拉圭以4：2赢了阿根廷，夺取得首届世界杯冠军。

打锦标赛或者赢奖杯来获取工资，这其中的佼佼者又会为其他国家的顶尖俱乐部效力。

足球界最大的赛事就是世界杯，每四年都会有多个国家的球队为赢取决赛权而战。每一届世界杯都在不同的国家举行。

欧洲和南美国家通常是世界杯上的主角，但像喀麦隆、尼日利亚和韩国这些球队也因为他们令人赏心悦目的表现和激烈顽强的拼抢而赢得了无数观众的心。

▲ 足球的魅力不仅仅是场上的激烈争抢，还有场外为各自球队加油助威的观众们。每年世界杯、欧洲杯等国际足球赛事，都不乏足球拉拉队的独特风景。

球场

球场通常是草皮的，虽然有时也用人工场地代替。球场的面积大小是一定的，但长度和宽度可能会有所变化。

球队的阵形

球队可以排成不同的阵形，蓝队排出 3–5–2 阵形，红队则采用了 4–3–3 阵形。图中，两队正准备开球。

90～120 米
45～90 米
球门 7.3 米宽、2.4 米高
底线
罚球点
中心弧
9.2 米
9.2 米
助理裁判员
裁判员
角旗
助理裁判员
罚球区
11 米
18.3 米
5.5 米
16.5 米
40.3 米
半场线
边线

美式橄榄球

这些男人长得都比较高大，上身呈倒三角状。他们全副武装，像牛蛙一样蹲伏在场地上，狠狠地盯着对手。他们之中一个队长模样的人急促地说着一连串的数字和各种颜色，随后大吼一声："哈！"

话音刚落，这些男人就紧握双拳，在场地上飞快地跑来跑去。有时，双方球员为了抢球，一个压住一个，仿佛"叠罗汉"一般。有时，橄榄球像炸弹一样从空中划过，这听起来也许有些夸张，但是美式橄榄球员确实将这种长距离传球形容为"扔炸弹"。

美式橄榄球是一项对抗性非常强的运动，所以参赛球员必须佩戴护具，以防止和减少在冲

▲ 通常，比赛都会在绽放的礼花声中拉开帷幕，"超级碗"冠军赛的开幕仪式尤为隆重。1996 年，全球共有 7.5 亿人观看了"超级碗"冠军赛的电视转播。

撞中造成的伤害。美国的职业橄榄球运动员都在美国国家橄榄球联盟（NFL）效力。NFL 分美国橄榄球联合会（AFC）和国家橄榄球联合会（NFC），每个联合会又分四个赛区：东部赛区、西部赛区、南部赛区和北部赛区。每个赛季，AFC 和 NFC 都会各自举行冠军争夺赛。之后，AFC 的冠军队和 NFC 的冠军队将参加“超级碗”冠军赛。“超级碗”冠军赛与其说是一场比赛，不如说是一场盛会，因为你不仅能欣赏到两支超级球队的高超球技，还能欣赏到精彩的娱乐表演和活力四射的拉拉队表演。

▼ 美式橄榄球比赛极其激烈，对抗性相当强。为防止受伤，NFL 要求所有上场球员都必须穿戴护具，如头盔、肩胸垫、护肘、手套、腰胯垫、腿垫和护膝等，然后在外面套上符合规定的球衣和球裤。

比赛规则

在 NFL 比赛中，至少有 7 名 NFL 官员负责；除 1 名主裁判外，还有仲裁人、司线、边线主裁、全场裁判、边线裁判和后场裁判各 1 名。这些裁判都穿着条形纹衬衫，但是职责各不相同。比赛时间为 60 分钟，分成 4 节进行，每节 15 分钟。当比赛暂停时，计时器也随之暂时关闭。每个 NFL 球队至少有 45 名球员，但是开球时只允许 11 名球员上场。在比赛中，两队都不受换人次数限制，所以一些球员将在特定时刻上场。每支球队都由三类球员组成：进攻组、防守组和特勤组。进攻组负责带球进攻；防守组负责阻止对方进攻，并迫使对方丧失球权；特勤组负责弃踢、射门和开球。

每支球队都有明确的比赛目标：尽可能比对手多得分。达阵能得 6 分。要想达阵，进攻方必须将球推进对方端区内，或者在对方端区内接住传球以及抢到丢球。达阵后，进攻方把球放在对方 2 码线处。随后，进攻方如果能将球踢进球门，得 1 分（附加分）；如果通过传球或者跑球（持球冲向对方端区）再次达阵，得 2 分（两分转换）。进攻方在没能达阵的情况下，可以选择踢

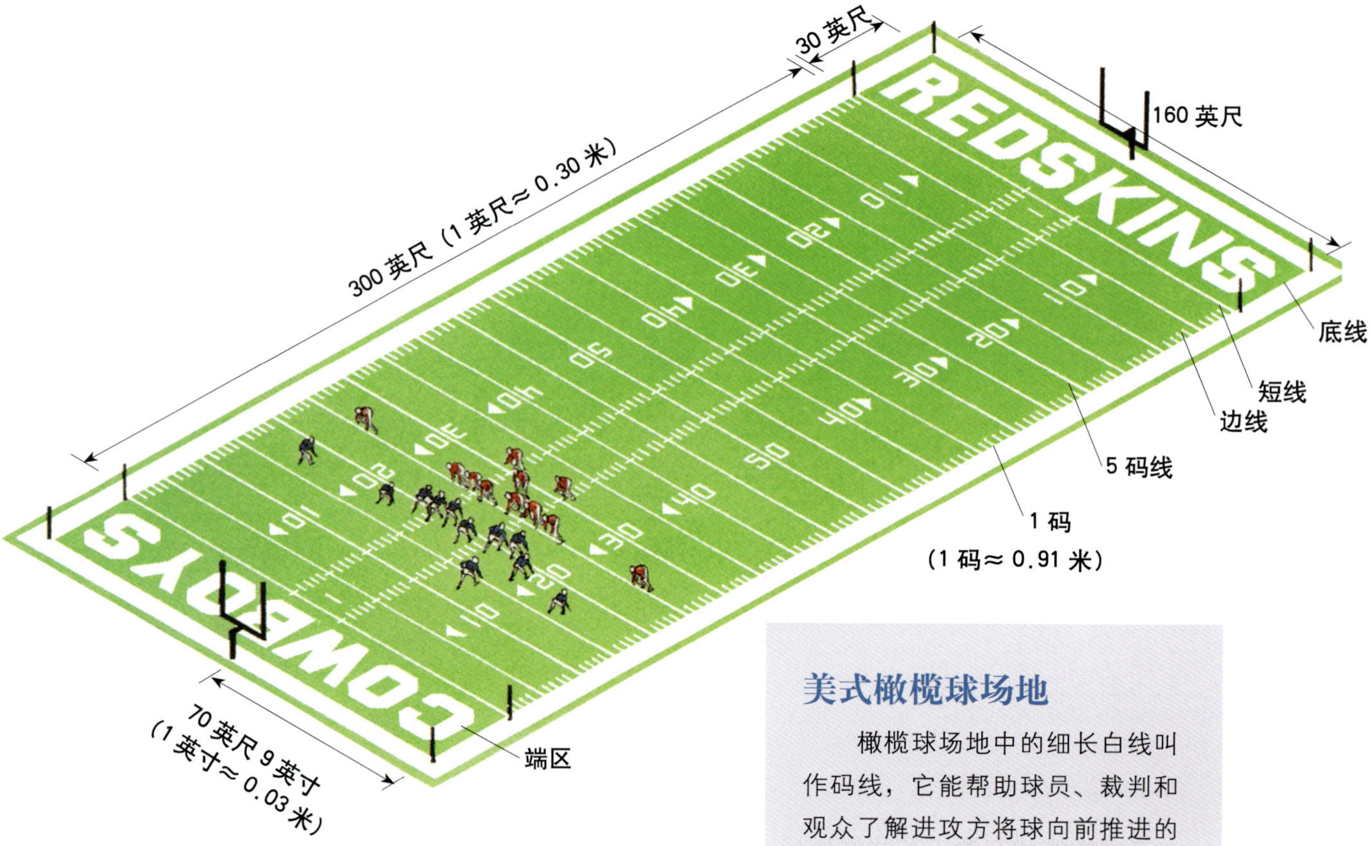

30 英尺
160 英尺
300 英尺（1 英尺≈ 0.30 米）
REDSKINS
COWBOYS
底线
短线
边线
5 码线
1 码
（1 码≈ 0.91 米）
70 英尺 9 英寸
（1 英寸≈ 0.03 米）
端区

美式橄榄球场地

橄榄球场地中的细长白线叫作码线，它能帮助球员、裁判和观众了解进攻方将球向前推进的过程。

▲ 图为 1996 年举行的“超级碗”冠军赛，达拉斯牛仔队四分卫特洛伊吗·艾克曼发起一记漂亮的长传，匹兹堡钢人队的莱沃恩·科克兰德跳起来进行拦截，但是没有成功。

点球，如果踢球手把球踢进球门能得 3 分。当进攻方球员持球并被对方球员拦截在本方端区内，对方可得 2 分，称为安全得分。

比赛进程是用码数来衡量的。当进攻方开始一轮进攻时，总共有四次向前（对方端区）推进的机会，累积不能少于 10 码。如果进攻方在本轮比赛中向前推进至少 10 码，它就会在下一轮比赛中再获得四次进攻机会。如果进攻方没能推进 10 码，就会丧失进攻权。因此，进攻方通常都会在第四次进攻时选择弃踢（将球踢向对方场地）或者踢点球。每次进攻都从启球开始。进攻方可以选择跑球进攻，当持球队员被对方球员摔倒在地或者被逼出边线时，此次进攻宣告结束。进攻方还可以选择传球进攻，但是每次进攻只有一次传球机会，而且球必须从启球线后传出来。通常，四分卫（进攻方式的决策者）负责传球。如果传出去的球被本方接球手接住，称为传球成功。如果球在任何人接到之前就已触地，则视作未完成的传球，此次进攻随之宣告结束。

美国大学橄榄球和加拿大橄榄球

美式橄榄球起源于英式橄榄球，但对英式橄榄球的比赛规则进行了较大改革。美式橄榄球的比赛规则确立于 19 世纪 70 年代，这要归功于哈佛大学、耶鲁大学和加拿大麦吉尔大学的橄榄球队。如今，美国大学橄榄球和加拿大橄榄球仍然很受欢迎，而且它们的比赛规则与 NFL 的非常相似。

几乎每个 NFL 球员都曾参加过大学橄榄球联赛。美国大学橄榄球联赛每年举办一次，NFL 的所有球队都会从中选拔队员。在年度赛季中成绩最差的球队首先挑选队员，在“超级碗”比赛中获得冠军的球队只能最后进行挑选。这样，即便最不显眼的球队也能挑选到明星球员，从而避免了某一球队在 NFL 比赛中始终处于垄断地位。加拿大橄榄球联盟的比赛规则与 NFL 的略有不同。加拿大橄榄球的场地较大，进攻方只有三次向前推进 10 码的机会。每年，加拿大橄榄球联盟赛的冠军队都会赢得“格雷杯”。

棒球

棒球运动是谁发明的，各国众说纷纭。美国人骄傲地宣称，棒球运动是在 1839 年由美国陆军军官达伯岱发明的。而英国人则不屑地认为，棒球只不过是英国的圆场棒球运动的美式玩法。

棒球是美国的“国球”。职业棒球运动员在国家联盟（NL）或者美国联盟（AL）中效力，这两个联盟合称“美国职业棒球大联盟”。两个联盟都有各自的分赛区，分赛区冠军的争夺也很激烈。每年 10 月，两个联盟都会派出自己的顶尖球队去参加“世界棒球系列赛”，决出最终的总冠军。最初的很多年里，只有来自美国的球队参加世界系列赛，“世界”系列赛的说法显得有些牵强。不过，棒球运动的范围如今已大大扩展了。1992 年，来自加拿大的多伦多蓝鸟队赢得了世界系列赛的冠军。棒球运动在 1992 年成为奥林匹克运动会的比赛项目，全部由业余选手组成的古巴队以强大的实力赢得了首枚金牌。但是，由于棒球运动在全世界的普及范围仍然不是很广，因此在 2012 年，棒球比赛项目退出了奥运会。如今，这项运动在中国、日本及拉丁美洲也深受欢迎。

▶ 在 1995 年的世界系列赛中，在投手郝西瑟抓起球的瞬间，击球手就已经根据他的握球方式，判断出了自己应该如何挥棒击球。一旦球飞起来，击球手就根本没有时间思考了。

▲ 中国的棒球运动不是非常普及，但是近年来中国国家棒球队也在各项世界大赛上取得了非凡的成绩。在2010年的广州亚运会上，中国棒球队夺得了第四名。

▲ 美国辛辛那提红衣队的马克·麦奎尔正挥棒击球。在他身后是奥克兰运动家队的接球手，他正在向麦奎尔愤怒地咆哮。不知道他在说些什么，但总之绝不会是“打得漂亮”之类的溢美之词。

棒球比赛的规则

在棒球比赛中，两队各出9名队员，轮流进行9局比赛。每名队员都尽力争取通过跑垒比对手多得分。击球手在击球后迅速奔跑，争取安全跑进一个垒位。对方的守场员可以通过接球迫使他停在一垒。但是当这名击球手的另一位队友击球时，他还可以继续跑向下一垒，或者，他甚至可以在对方的投手准备投球时，乘其不备偷偷多跑一个垒，这叫作盗垒。在依次跑完一、二、三垒并回到本垒之后，他的队将获得一分。有时候击球手可以将球击出很远，足够他在这段时间内一口气跑完四个垒位，这被称为本垒打。如果他将球击出外野护栏（距离本垒超过76.2米）外，击球手就可以随心所欲地慢慢跑完整个球场，守在其他垒位的队友也可以悠闲地走回本垒得分。如果击球手将球击到一、二、三垒位的跑垒员人群中，他的队将获得四分！这叫作满垒本垒打。

但是成功用球棒击球再安全上垒（这叫作安打）是一项艰巨的任务。防守队的投手也是一个很大的麻烦，他可以将球以150千米/小时的速度抛向本垒。投手投出的快球已经很难对付了，何况他还可以通过不同的握球和腕部技巧，使球的轨迹变幻莫测，就像表演特技飞行一样。快速指叉球会下坠，上升快速球会跃起，曲球会突然转向，滑球会在较晚的时刻发生转向，不旋转球则不会主动旋转，而是随着气流的方向偏斜。投手投出来的球平均仅需1.3秒就可以到达击球手的位置。如果击球手没有击到球，球就会被接球手接住。全副武装的接球手会通过特定的动作向投球手发送暗号，告诉他在什么时候发什么样的球。

如果守场员使对方的三位击球手出局，该局就算结束。要是一个击球手三次击球失败，那

圆场棒球和垒球

圆场棒球、垒球和棒球都是相似的运动，它们的比赛场地和规则大同小异。圆场棒球的击球手（如右图）在接到一个界内球后必须跑出，如果她击球后一口气跑完四个垒，就可以获得一分；如果没击到球但是跑完了四个垒，则可以获得半分。垒球最初是一项室内运动，在 20 世纪 30 年代发展成为户外运动。和圆场棒球的投手一样，垒球的投手也必须使用下手臂动作（投手投球时，手到臀部的距离不能超过手到肘部的距离，并且球出手时手不能高于臀部）。垒球比赛分为慢速垒球和快速垒球两种：慢速垒球比较温柔，投出来的球必须高低起伏，成一条弧线；在快速垒球中，投手则可以用最快的速度投球。垒球在 1996 年成为奥运会正式比赛项目。遗憾的是，同样由于普及范围不广，垒球项目于 2012 年退出了奥运会。

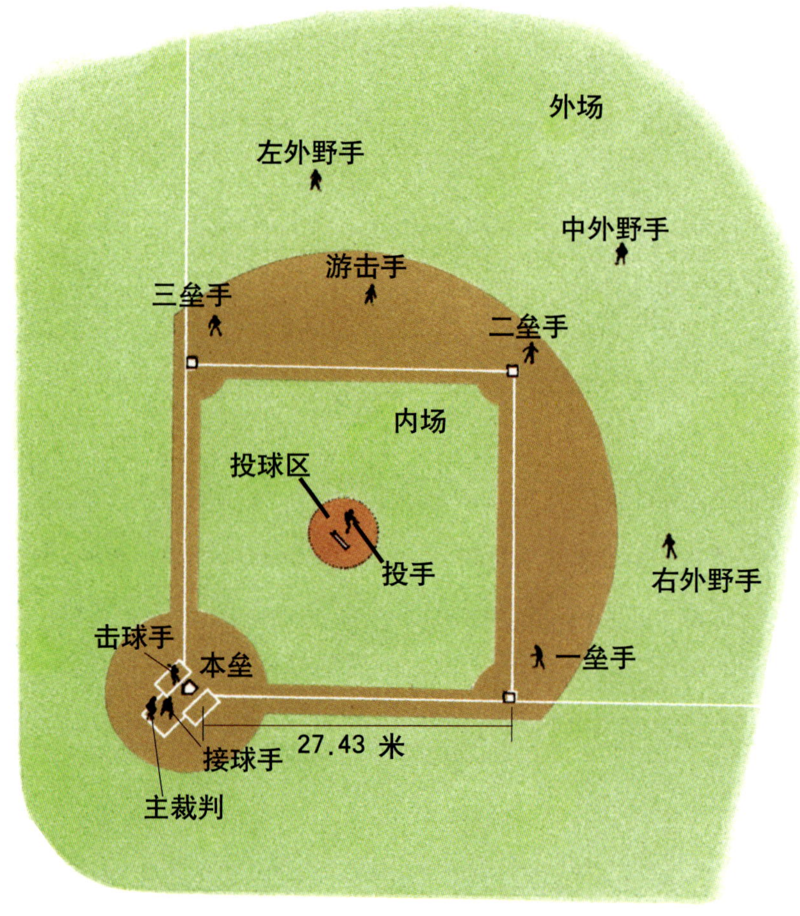

棒球的球场

棒球场的四个角各有一个垒位。前三个垒位都是帆布包，而本垒位是一块白色橡胶板。

球和球棒

谁用的球棒个头最大？当然是美国人！棒球的球棒长 1.07 米，由硬质木材制成。有些球棒的抓握端用胶带包缠，起到防滑的作用，有的则不加包缠。有些队员会将球棒钻一个孔，在里面塞一些软木，使球棒更富有弹性。中等尺寸的垒球球棒长约 86.5 厘米，都有便于抓握的把手。而圆场棒球的球棒只有 46 厘米长。棒球球棒通常都是木制的，但也有金属的。

这三种比赛中用的球都是由橡胶、软木和纱布做成内芯，外面用皮革包紧并密缝而成的。垒球的尺寸最大，周长约为 30 厘米。

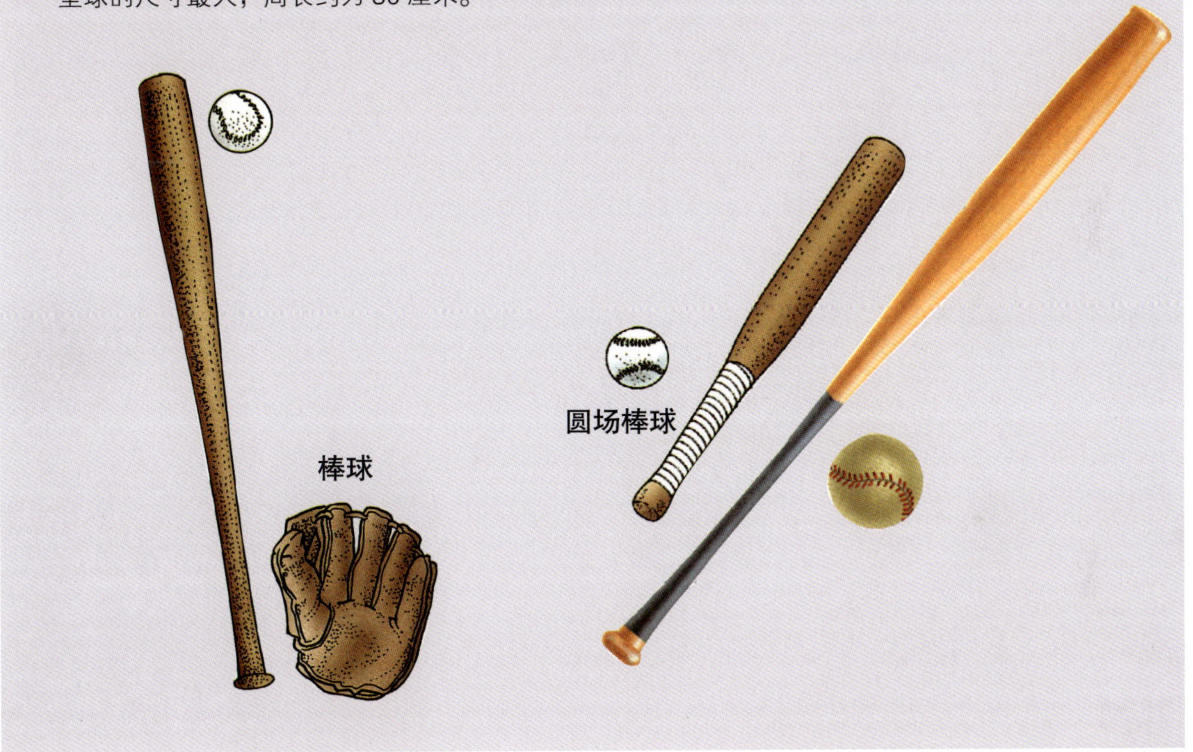

么他就出局了。如果击球手挥棒，却没有击中球，当然就算击球失败。如果击球手没有挥棒，但是三个投球都穿越了本垒板上方的好球区（本垒板垂直上方，高度在击球手膝盖和胸部之间的立体区域），击球手就算出局了。如果投球没有进入好球区，击球手也没有挥棒，这就是一个坏球。如果投手投出了四个坏球，击球手就可以被直接“保送”上垒！如果击球手击出一个直接飞向空中的腾空球（这样的球很容易被对方球员接住），他就很可能要出局了。如果击球手在跑垒时，守场员用球触到（触杀）击球手的身体，或者触到击球手跑向的垒位，击球手将被判出局。但是一位击球手出局并不意味着一局比赛结束，只有该队的三名击球手被判出局后，他们才算输掉了此局。

英式橄榄球

对外行人来说，橄榄球比赛看上去就像是一场小规模的战争。那些混战在一起的球员们似乎要比赛看谁的破鼻子给人的印象最深，以此赢得奖励。不过令人吃惊的是，比赛也有严格的规则——一套规则是为英式橄榄球设立的，另一套规则是为澳式橄榄球设立的。

橄榄球运动是在19世纪初期，从橄榄球学校中的英式足球运动发展而来。当时在比赛中，运动员们被允许用手抱球和投球。1871年，当足球协会宣布运动员用手抱球和投球是违规之后，英式橄榄球便正式形成了。

▶ 这名后卫正在追加射门。当他跑向球时，另一队的球员正在球门线处防守，他们跳起来，试图要拦球。

▲ 一名球员持球朝前跑，对手正试图要拽倒他。如果球触地，他也被绊倒，那么就要把球交出来。

英式橄榄球场

橄榄球运动通常是在草地上进行的，但安全的泥土地面或沙质地面也是不错的。澳式橄榄球的场地有一点不同。

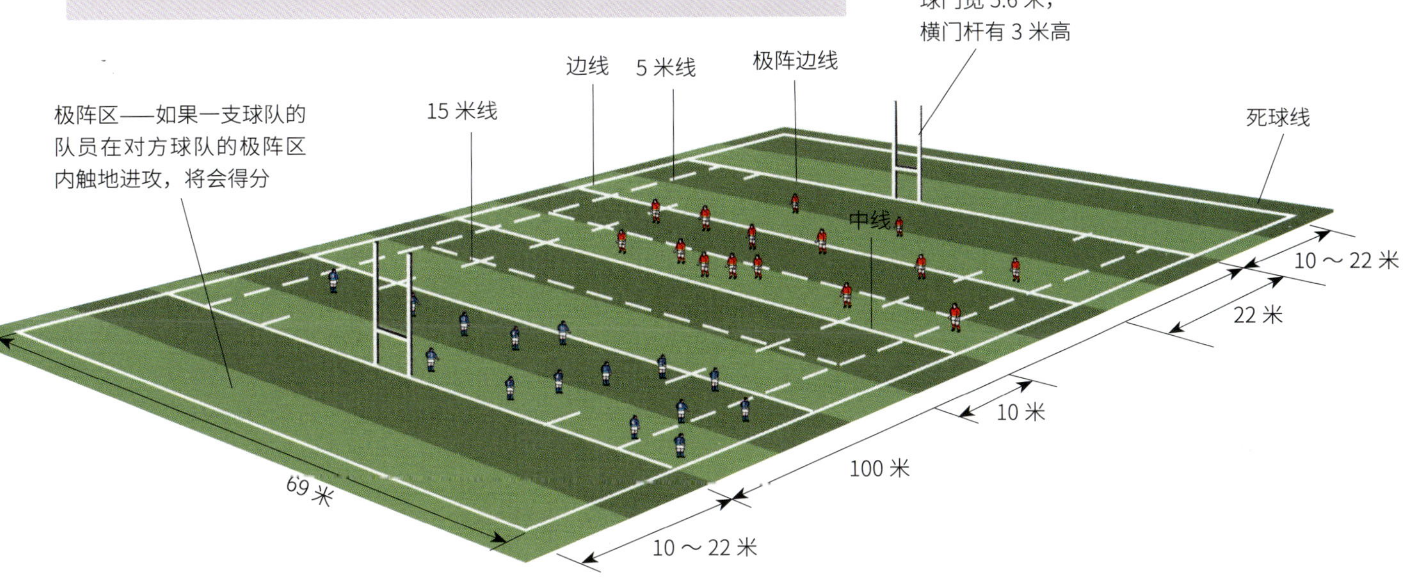

英式橄榄球

英式橄榄球是一项业余运动，它在两个队之间比赛，每支队伍有 15 名球员，比赛分上下两个半场，时间大约为 40 分钟。橄榄球是椭圆形的，重 400 ~ 440 克。运动员可以用手抱球跑，或者将它往任意方向踢。但是他们不能将球投向对方球队的死球线（在前进传球中），或者用手和手臂把球朝向那个方位掷（这是违规动作）。

橄榄球的比赛由一名主裁判和两名副裁判进行控制。犯规动作包括打、踢、绊倒以及有危险的争夺，例如用粗暴的手臂强抢对方的球。当自己的球队正在比赛时，如果一名球员站在球的前面，就是越位，不能再继续参与比赛。

▲ 双方球员正跳起来争抢球，这是一个多么紧张的时刻！

法国队和英格兰队的比赛。法国队触地进攻得分。球并不一定要越过球门线，刚刚落在球门线上也能得分。

著名的英式橄榄球比赛有英法锦标赛（每年在英格兰、苏格兰、威尔士、爱尔兰和法国之间举行）和橄榄球世界杯赛（每四年在来自世界各国的橄榄球队之间比赛）。

得分点

在对方球队的极阵区域内，球员抱着球在地面上触地进攻，会得分（5 分）。触地进攻得分的球队还可获得一次追加射门的机会（2 分），即把球放在触地进攻点的地面上，由一名获得追加射门机会的球队的球员将球踢出去（定位踢球）。在进球区的任意一个点踢球入门都可获得 3 分，只要球员让球落地，并在球弹跳起来之前，将球踢进球门。如果对方球队犯规，另一支球队得到罚踢机会，可获 3 分。如果要想踢球得分，球就必须穿过球场上的球杆，射进球门。

你知道吗？

威廉·韦伯·艾利斯

1823 年，在英国拉格比学校，一位名叫艾利斯的学生在足球比赛中，用手捡球并抱球跑，结果引发了一种新的球类运动，这就是橄榄球。艾利斯后来成了一名牧师。他位于法国的墓地现在是橄榄球爱好者朝拜的圣地。

两队并列争球

当球向前掉落，或者越位，通常用两队并列争球的方式来重新开始比赛。一支球队的前锋排成一队，与另一支球队的前锋互相连锁站立。没有违规的那支球队的传接锋（前锋和后卫之间的沟通桥梁）将球放进两队前锋之间的空隙处，两队的勾球前锋都试图用脚占有球。球一旦被一方的球队获得，那支球队的前锋就用脚带球奔跑，并把球从第二线传递给后卫。

其他的争球方式还包括冒尔（一名球员持球，其他的球员包围着他）和拉克（球在地上，球员们围着球）。

澳式橄榄球

澳式橄榄球是英式橄榄球的一个分支。它可以作为专业的橄榄球比赛，尤其是在澳大利亚和英国的北方地区。每支球队只有 13 名球员，比起英式橄榄球，它的得分点较少。在一支球队认输之前，它有 6 次扭转战局的机会。

并列争球的站立位置

在每支球队中，15 名球员的名衔和号数由他们在并列争球中的位置来决定。

下图的标志和数字表示在并列争球中球员们的站位。

1. 前锋
2. 勾球前锋
3. 前锋支持
4. 前锋
5. 锁球前锋
6. 前锋
7. 侧前锋
8. 8 号前锋
9. 传锋
10. 接锋
11. 左翼后卫
12. 左正后卫
13. 右正后卫
14. 右翼后卫
15. 后卫

高尔夫

高尔夫确实是一项高贵而历史悠久的运动，自它出现以来，许多国王和王后都玩过高尔夫。它可能是几百年前在苏格兰兴起的。今天，全世界有数百万的人玩高尔夫。

现在的高尔夫球棍和球都是用计算机设计的，并且是用最新材料制作的。为了建高尔夫球场，要花费数百万英镑，有数百万吨的土要被移除。和高尔夫球玩家一样，高尔夫球场的建筑师都有名，而且富有。

专业高尔夫是时代英雄们的运动。在世界上的好几个大洲都有高尔夫赛事，有的赛事还设有好几百万美元的奖金。每年，全世界都要举行四场大型的高尔夫锦标赛，它们是在英国举行的“英国公开赛”，在美国举行的“美国名人赛”“美国公开赛”和“美国职业高尔夫锦标赛”。在这些锦标赛中，杰克·尼克劳斯获得四大满贯赛冠军18次，保持着优胜纪录。

▶ 在英国公开赛中，尼克·佛度在推球时，脸上的表情显示了一名高尔夫球手特有的紧张。推球的人要让球沿着果岭平滑地滚动并进入球洞，但此时，他的机会看起来可不太好。

▲ 英国公开赛最后一天比赛是圣安德鲁斯的第 18 洞。留在最后的高尔夫球手通常会主导这些比赛，观众们会跟随他们到球道上去看着比赛结束。在图的左边，可以看见俱乐部的会所。

业余高尔夫球赛在全世界都很流行。许多人从事高尔夫运动更甚往昔，这项运动的基本元素至今仍未改变。

高尔夫的玩法

每一场高尔夫含有 18 个球洞，选手通常要三杆进球、四杆进球，或者五杆进球。选手将球击入一个洞中的次数，不能超过规定的杆数，并要逐渐将球击进每一个洞中。如果你击球入洞的杆数比标准杆数少一杆，那么你打出的就是“小鸟球”。如果你击球入洞的杆数比标准杆数少两杆，那么你打出的就是“老鹰球”；如果你击球入洞的杆数比标准杆数少三杆，那么你打出的就是“双鹰球”，但这种时机很少，例如，在规定的四杆进球中，你只用一杆就把球击入球洞（一击入洞）。如果你进球的杆数比标准杆多一杆，被称为补给（也称柏忌，即晦气）；如果你进球的杆数比标准杆多两杆，被称为双倍补给（也称双柏忌，双倍晦气）；等等。在每场赛事的最后，将每一轮的分数相加，分数最低的选手获胜。

差点系统让不同水平的高尔夫球手能够公平进行比赛。如果你是一个差点为 24 的初学者，那么在每场球赛中，你击球入洞的杆数，可以比规定杆数多 24 杆。顶级的专业球手没有差点。如果你和尼克 · 佛尔多比赛，他的进球杆数是 66 杆，你的进球杆数是 88 杆，那么你就可能会赢！为什么？因为他要让你 24 杆，而你的进球杆数是 88 杆，比差点系统规定的 24 杆少，所以你的实际进球杆数应该是 64 杆。因此，你就以少两杆而获胜——这一天会值得你记住的。这种比赛被称为比杆赛。

在比洞赛中，将球击入一个洞中时，如果你用的杆数比竞争对手少，那么你就占了上风。如果你进球的洞数比余下继续玩的洞数多，那么你就获胜了。探索两种比赛形式的不同是一件很有趣的事情。

马克－卡卡维查发现自己深陷在通向第 17 洞的路面沙坑中。许多第二杆都是在这儿结束的。果岭上的斜坡如此陡峭，以至于许多高尔夫球手都要费很大劲才能将球推入洞中。

圣安德鲁斯的老球场

圣安德鲁斯在苏格兰法夫郡，这里是世界上最古老的高尔夫球场，大概在 14 世纪时人们就在这儿玩高尔夫球了。圣安德鲁斯皇家古代高尔夫俱乐部赫然耸立着。和美国高尔夫协会一样，这个组织管理高尔夫比赛和制定规则。这个古老的球场在一个狭长地带上，这片地带连接着海岸和农场。它那隆起与中空的地形是由强风和海水冲刷、侵蚀出来的。由于缺少空间，大多数球洞都和别的球洞分享着同一片果岭。在这个球场上举行过很多英国公开赛——这是只有高水平的高尔夫球手才有资格参加的锦标赛。

澳大利亚的克莱格·帕里重重地将球击向第 17 洞，球弹跳到球洞后的路面上。他是如此靠近墙，所以他没有太多空间再次将球击回去。

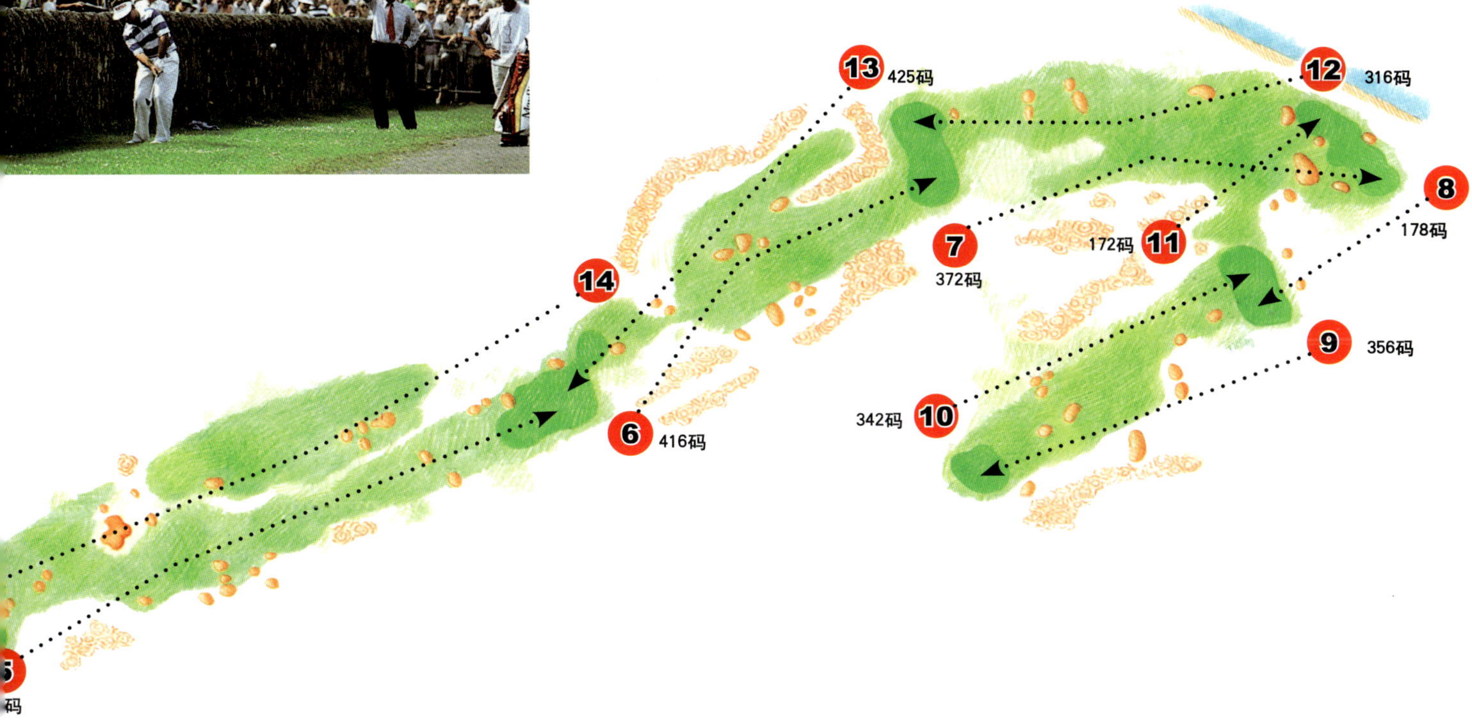

第 17 洞

著名的 17 是标准杆 4 杆的长洞球。勇敢的高尔夫球手会在赛场地面上行车来缩短击球的距离。果岭后的道路是为那些击球过重的人设的陷阱。好的业余高尔夫球手也会使用这条道路。

果岭：高尔夫运动中的一个术语，用来描述小山丘，球洞就在果岭之中。

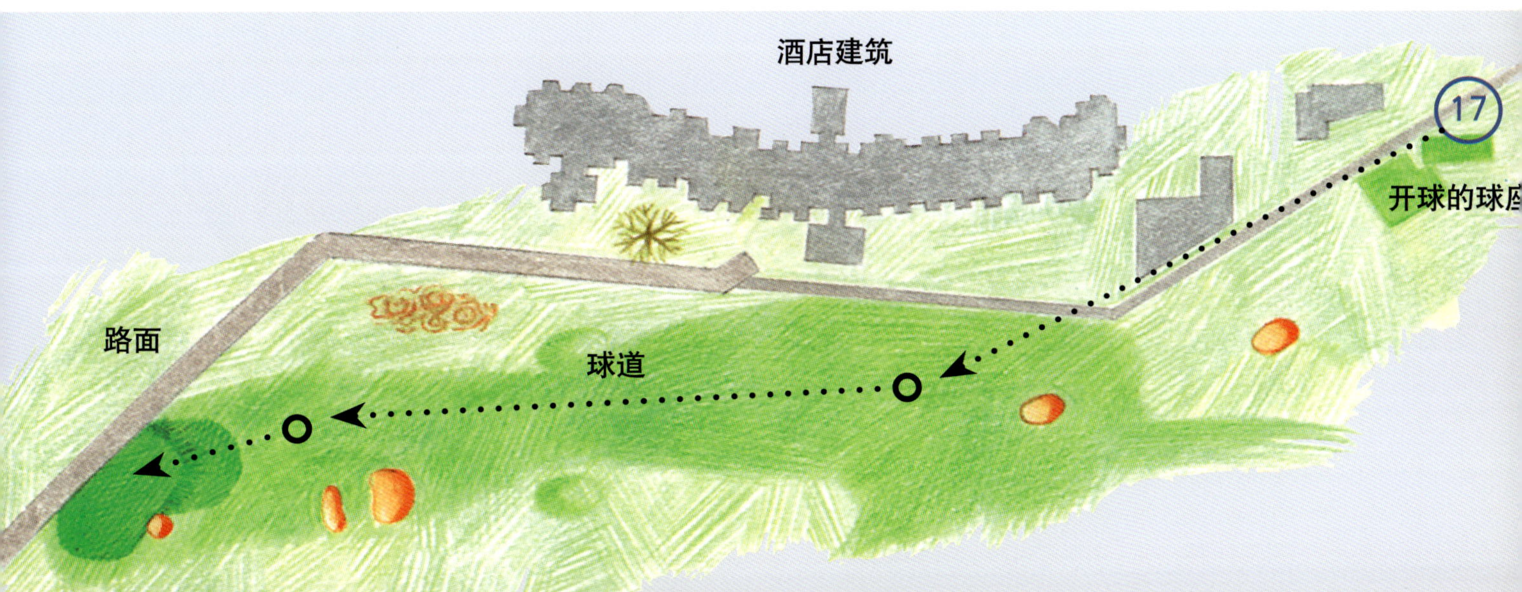

半套球杆

初学者的高尔夫球袋里大约有 7 根球杆，这是半套球棒。

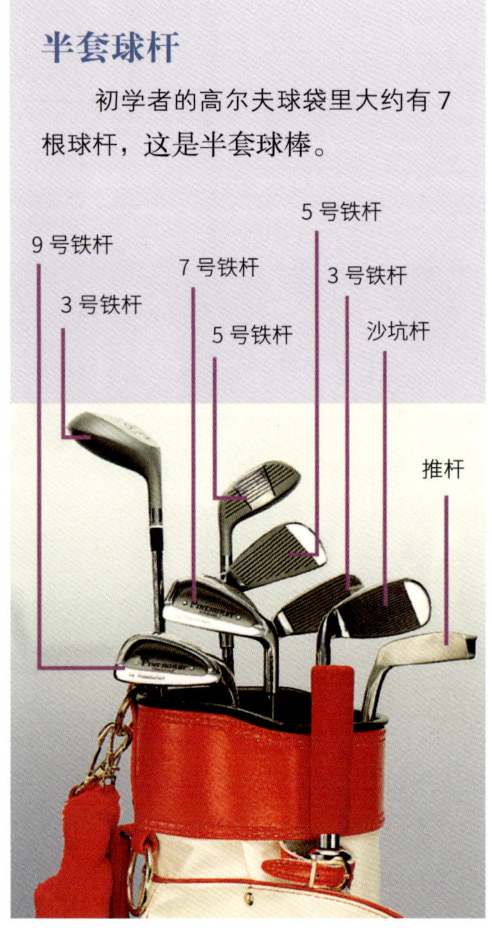

▲ 南非的大卫 - 弗罗斯特用沙坑杆从一个陷阱（沙坑）里击出了一个陡坡球，球场上四处都是沙坑，有角度的杆头在沙地中容易滑行。

高度

球杆的正面对着地面有一个角度——这是高尔夫球杆的高度（杆面斜度）。号数少的球杆高度小，轴杆也更长——它们能把球击得很远，并且离地面很近；号数多的球杆高度较大，轴杆更短，所以，球会在高空中运行，但不会飞得太远。从 1 号到 9 号之间的铁杆长度有四种不同水平，它们都是为特殊的击球方式而设计的。

5 号铁杆的侧面图，展示了球杆正面的角度。

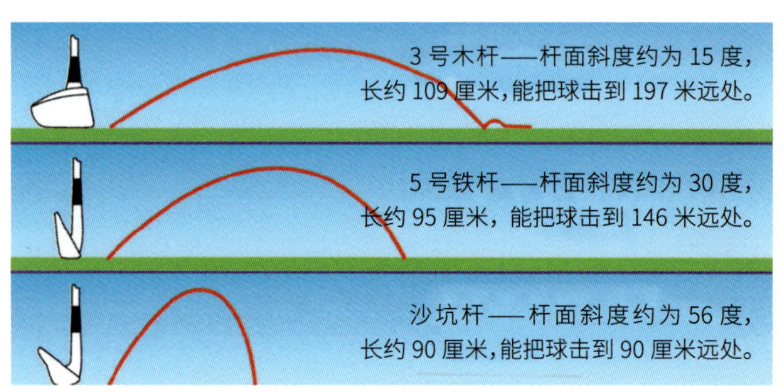

正面图——球从球杆正面的中心击出。

▲ 佩恩·斯图尔特以及可笑的“喷泉”。此时，在来自美国和欧洲的高尔夫球队比赛的“莱德杯”赛中，他把球击出了水流。如果高尔夫球手在这样的水流中丢了球，那么在他们的分数中会再加上一杆。

大开眼界

球洞

重重一击可以使高尔夫球的速度达到每小时 280 千米。1934 年，一位名叫罗宾逊的高尔夫球手在开球时杀死了一头奶牛。1975 年，一只正在飞的鸭子也为此付出了代价，穿着格子花呢的高尔夫球手吉姆·托兰将它击到了空中。澳大利亚的毕列·欧格也曾给了自己一个教训，当他的球从树上回弹时，击断了他的一条腿。

高尔夫的装备

在准备击球入洞的第一杆时，球被放在一个小小的开球的球座上。木杆是最长的高尔夫球杆，第一杆就能把球击在球道上。球道是一条连接球座的绿色草带，通向邻近的果岭。球洞直径是 10.8 厘米，没入果岭中。

铁杆一般需准备 9 根，分为 1 到 9 号，主要用于在短洞中从球座打出球，或者在长洞中作为第二杆将球击向果岭。沙坑杆用来将球击出沙坑。劈起杆（挖起杆）用于把球击在球洞附近 90 米内的高飞球。推杆用于将球击进或击出果岭。高尔夫球的合成表面有凹凸的花纹，能使球飞得更远。每一名高尔

▲ 约翰·戴利在角逐1991年的美国职业高尔夫锦标赛时，距离球洞大约300英寸远。在每一场比赛中，他大概都会让一打高尔夫球变形。

夫球手都有适合自己的球杆和球。因此，如果你准备购买一套高尔夫装备，最好先听一听专业的建议。

适合所有人的运动

高尔夫球跨越了人际代沟。祖父和孙子可以一杆接一杆地竞赛。如果你很早就学打高尔夫球，那么你会进步得更快，也能玩得更久。许多顶级高尔夫球手在3岁或4岁时就开始打第一杆球了。高尔夫球场也是各种各样的，有高低不平的海边球场，有树木环绕的球场，也有起伏的公园球场。美国风格的球场设计显得很壮观，球场上有造型障碍物和巨大的湖泊。每种球场都与众不同，并展示出新的挑战。业余高尔夫球手或者在当地的公共球场中比赛，或者参加当地的高尔夫俱乐部，不过也能在一些著名的地方参赛，比如圣安德鲁斯。在英国威布利体育场，周日没有什么足球选手，但对于高尔夫，任何事都是有可能的。

板球

据统计证实，绝大多数十几岁的孩子都认为，板球运动实在太无聊了。板球被认为是适合老年人在电视上观看的运动项目，他们可以一边看一边抱怨蹩脚的击球手，或者一不小心进入梦乡。

然而，板球运动也有自己的支持者。他们清楚地记得英格兰队在1882年赢了澳大利亚队多少轮，他们也清楚地知道，32%的孩子长大以后会喜欢上板球运动。所以，我们最好还是了解一下板球运动的规则。

如何比赛

在板球运动中，每队各有11名队员。球道（整个球场的一部分）是一块长22码（20.12米）的精心修剪的长方形草坪，球道两端各有一个木质的三柱门，三柱门由三根竖直的立柱和两根短的横木构成。

在比赛开始前，双方要通过抛硬币的方式定出攻守方。攻方要争取在自己的击球局内尽量得分。而守方则主要通过投球击中三柱门或者接住攻方击

◀ 击球手布莱恩·劳拉来自特立尼达和多巴哥，但是在1994年，他却成了安提瓜和巴布达的英雄——他在对英格兰队的比赛中，以375个得分跑打破了板球锦标赛的单人得分纪录。

▲ 贵族板球场从 1814 年就开始承办伦敦单日板球赛，记分员坐在主看台的记分板后面，记分板上方耸立着著名的“时间老人”风向标。

球手击出的球等方式，使对方的击球手出局。攻方每次只能派出两名击球手，等某个击球手出局后，他的队友再接替他的位置。当攻方的 11 名队员中的 10 名都出局后，他们的击球局就结束了，然后两队对调身份，守方开始进攻，攻方开始防守。

一些比赛有时间限制。国际板球锦标赛赛时超过 5 天，而且经常以平局结束——一支球队没有获得足够的分数，另一支球队也没能在规定时间内让对手出局。而单日板球赛对轮数有限制——每个投球手投 6 次球为一轮，每队可以进行 40 轮、50 轮或 60 轮比赛。

什么人在比赛

守方的投球手将球投向三柱门。在投球时，投球手必须保持肘部弯曲，不能伸直手臂，否则投出的球将被视为坏球。投球手要尽力将横木从立柱上击落以使攻方的击球手出局，或者诱导击球手将球击向守方的外野手——如果击球手击出的球在落地前被外野手接住，那么击球手也要出局。

投球手投出的旋转投球速度较慢，但是球的路径会偏转，旋转的球会出人意料地突然远离或者靠近击球手；缝线投球利用球面上隆起的接缝，使球从球道上弹起后改变方向；快速投球则是将球急速抛向球道，让球在弹起后快速飞向击球手。

攻方的每名队员都有机会上场充当击球手。在球道两端，各有一名击球手。手持球棒的击球手面对投球手，利用球板守卫三柱门。击球手将球击出后，要跑向球道另一端的三柱门，与他的搭档交换位置，跑完一次22码的路程就可以获得1分，这叫作一个“得分跑”。如果球被击出足够远，那么两名击球手可以反复跑几个来回，这样可以获得更高的分数。如果球没有落地直接出界，攻方可以获得6分，如果球落地后反弹出界，则可以获得4分。一名击球手能在一局中获得100分将是极大的荣耀，而一分未得则是莫大的耻辱。

击球手会采用多种多样的击球手法，不同的击球方式可以将球打到球场的不同位置。常用的击球手法有抽击、横压、横甩、扫击、切击等。

每队的队长会与投球手商量，将外野手安排在合适的位置上，使他们便于接球或者将球抛回三柱门以阻止击球手得分。如果击球手在三柱门之间奔跑时，外野手用球击中三柱门并将一根或两根横木击落，则击球手被截杀出局。还有一名捕手蹲伏在三柱门后面准备接球。捕手非常靠近击球手，所以很容易接到击球手击出的侧击球。此

▲ 板球运动是存在一定危险的。图中，来自南非的罗宾·史密斯正在竭力躲闪一个速度高达150千米/时的弹跳球。1995年，他曾经被球打碎颊骨。

▶ 在1993年的国际板球锦标赛中，英格兰队和印度队之间展开了激烈的较量。图中，一名击球手眼看就要被截杀出局。他奋力向前一跃，试图用球板碰触击球区域线内的地面。如果他能在球击中三柱门前成功触地，他就不会出局。

▲ 史蒂夫·罗德斯为英格兰伍斯特郡板球队和英格兰国家队效力，负责防守三柱门。罗德斯以勇猛著称，有他在场上比赛，对方球队的队医要时刻处于警备状态。

外，击球手可能往前跑几步，到自己的区域线外击球，如果他没有击中，捕手就可以接住球，并用球板击落横木，这样击球手就出局了。

为什么如此

一个击球手是否出局，是由两名身穿白色外套的裁判裁定的。一名裁判站在投球手一端的三柱门后面，另一名站在左外场。在板球锦标赛中，会有一名第三裁判利用电视回放进行辅助裁决。

如果投球手在投球时犯规，会被裁判判为坏球或偏球——在这两种情况中，守方都将获得 1 分。如果击球手没有触球却完成了一次得分跑，裁判将判给攻方一个无接触得分；如果球碰触到了击球手的身体，将判一个触身得分。上述几种得分只计入全队的成绩，不计入击球手的个人得分，因而被称为附加分。

粗心的击球手可能因为一些不经意的违规动作而被裁判判罚出局。如果击球手的身体阻挡了球的运行，并妨碍到球击中三柱门，他将因腿截球而被判出局。此外，击球手直接用手触球，故意击球两次（除非他是为了防守三柱门），不慎碰落三柱门的横木，或者故意阻挡外野手接球都将被视为犯规。如果新的击球手在接替出局击球手上场时，间隔的时间过长，他将因超时而被判出局。

中国开展板球运动的时间较短，目前尚处于起步阶段。中国板球协会于 2004 年加入亚洲板联，在国际板联和亚洲板联的大力支持下，中国的板球运动正在迅速发展中。

网球

网球是世界上最广泛流行的运动之一。几乎每个国家都有自己的国家锦标赛。在英国、法国、美国和澳大利亚举行的大型锦标赛，吸引了全世界范围内的大量的电视观众以及在现场观看比赛的充满热情的观众。

尽管网球运动可以在各种各样的地面上进行，但是，我们所熟悉的网球运动实际上是在草地上进行的，它只有120年的历史。这项运动可能起源于中世纪的法国。当时法国的贵族阶级会在有墙壁和屋顶的球场内玩一种用手击球的球类游戏。后来，人们开始在这种游戏中使用一种木制的球拍，而不再用手来击球，这种运动也被传到了苏格兰，后来又传到了英格兰。亨利八世在汉普顿宫建造了一间特殊的网球场，一直到今天，它仍然在被人们使用着。由于这项运动在王室中很受欢迎，所以它就获得了“皇家网球”这个名字。

◀ 德国网球选手斯黛菲·格拉芙猛然扑住了一个反手击球。格拉芙是曾经赢得过全部四项“大满贯”赛事的五名女子选手之一，她曾经在1988年的一年内，赢得了四项主要网球锦标赛的全部冠军，并且在同一年，又成功地获得了奥运会女子单打的冠军。

▲ 安德烈·阿加西（美国）的发型和服装与他那展示完美发球的网球动作一样著名。"温布尔登网球锦标赛"中规定，参赛选手只能穿白色的网球服。

▲ 由于网球选手的敏捷以及击球的速度，在温布尔登举行的男子双打比赛通常是锦标赛中击球速度最快和最激动人心的比赛。

1874 年，英国的温菲尔德少校发明了一种室外打法，这种打法可以在任何平坦的地面上进行。同时，一种能够在草地上弹跳的空心橡胶球开始替代坚硬的皮革球，在这项运动中被人们使用。温菲尔德发明的这种网球运动，当时被称为司法泰克（sphairistike，希腊语，指球类运动），它很快就变得流行起来，并在此基础上发展成了现代的草地网球运动。1877 年，位于温布尔登的全英草地网球和槌球俱乐部将这项运动命名为"草地网球"，并举行了第一届网球锦标赛。这届锦标赛的利润——10 英镑，被用来添补支付维修小型滚轧机（这种机器能使球场保持平坦）的费用！在这届锦标赛上，外观为白色的网球首次被使用，并且比赛场地的尺寸（长、宽等）大致上也和我们现在使用的场地一样。

工具设施

传统上，网球球拍的框架是用木头制作的，但是，现在的大多数球拍都是用石墨做成的。石墨坚固、轻盈，并且耐久力强，这些都可以使球拍具有很大的力量，把球更有力地击打出去。木制的球拍最后一次被使用，是在 1987 年的温布尔登锦标赛上。近年来，随着技术的发展，比普通的石墨材料重量更轻，且强度更高的碳纤维与树脂相结合的材料被普遍用于网球拍的制作上。球拍上的球线是由动物的肠子或尼龙制成的。专业选手更喜欢使用球线是由动物肠子制成的球拍，这样的球拍能更好地保持张力、减弱震动。当球被以高达 200 千米 / 时的

网球球场

图中所显示的是双打比赛使用的网球球场，图中的选手正在发球。发球手把球抛向空中，过顶扣球，使球越过球网，之后球必须得在与发球手成对角的对方的发球区内弹跳。

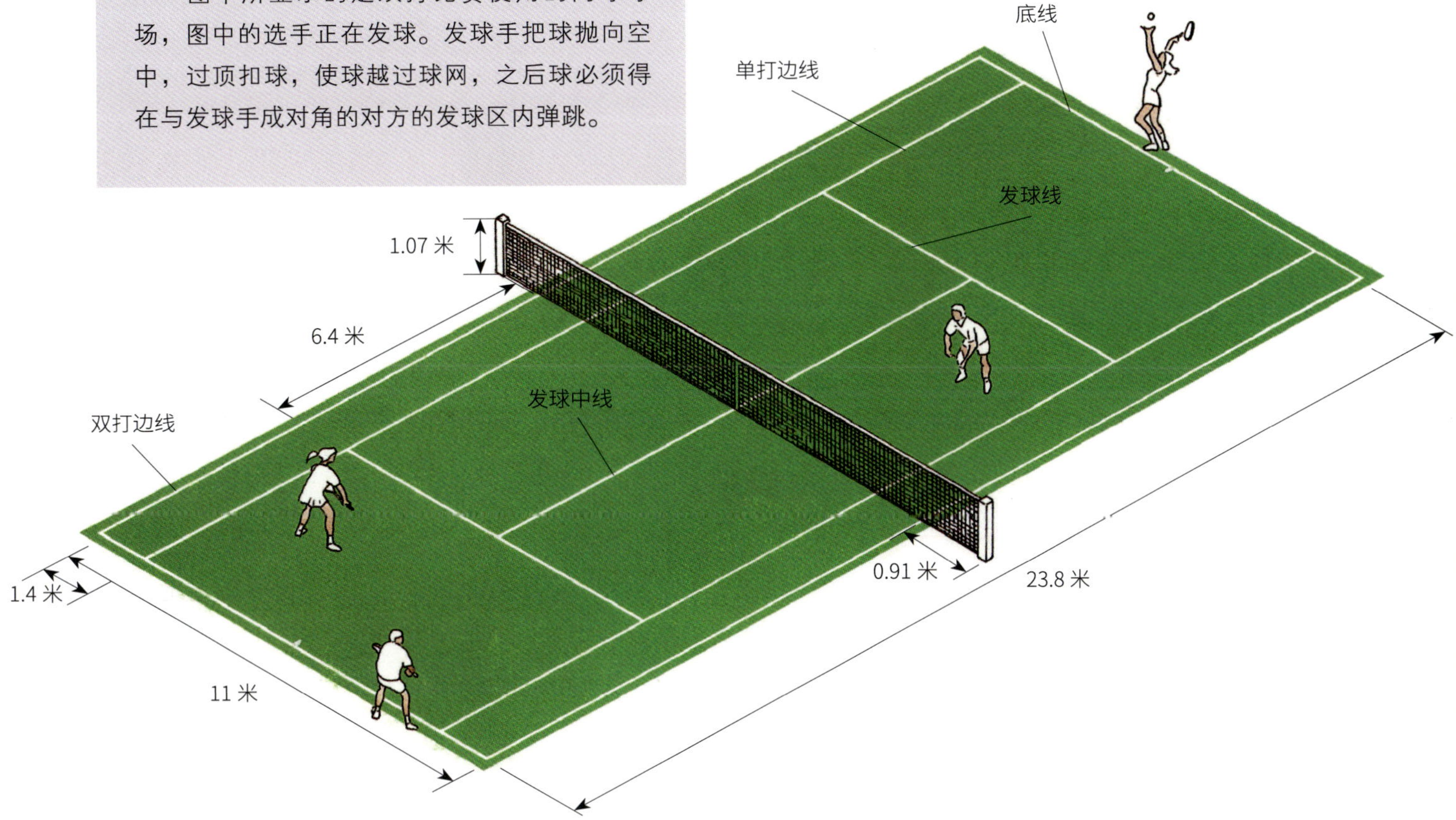

速度击打时，这些是很重要的。

网球是用橡胶做成的，表面覆盖着人造纤维。在重大的比赛中，选手们使用的是具有高弹性的加压球。

网球球场可以分为室外和室内两种，并且有各种不同的球场（草地、沥青、木头、水泥、黏土以及塑胶）。草地是最牢固的，但是也是最不实用的，因为它们很容易被磨损，而且下雨的时候，它们会变得很泥泞。

比赛规则

网球运动可以由两个人（单打）或四个人（双打）来进行。在单打中，使用的是较小的球场，并且有标志着“出界”的边线，而双打使用的是整个球场。在大多数比赛中，都是女性和

大开眼界

美丽的苏珊

在法国女选手苏珊·朗格朗穿着女裙衫并戴着颜色亮丽的发带，参加1919年的温布尔登锦标赛之前，女子选手们都是穿着长及脚踝的裙子、紧身内衣、衬裙、长袖衬衫，并打着领结参加比赛的。不过，当她们意识到没有穿紧身内衣的苏珊可以在网球场上轻松地跳跃时（她赢得了七次网球锦标赛的胜利），她们也开始改变自己的穿着。1931年，女选手们不再穿长筒丝袜了，取而代之的是裙裤以及后来的短裤。

女性对决，男性和男性对决，不过，混合双打的比赛方式也很流行。

网球比赛的目标是用球拍击球，使球越过球网，进入对手所在的球场区域，并且使对手无法将球击回或击球出界。比赛从发球开始。选手在发球时，要站在底线的后面，把球抛向空中，然后过顶扣球，把球击向对手的发球区。如果发出的球落在了球网上，或者飞出了对方的发球区，就会被判为发球失误。如果球击中了球网，但是仍然落在了对手的发球区，那么就会被判触网重发，选手需要重新发球。如果发球手跨过了底线或者在发球之前走动或跑动了，那么就会被判脚步犯规。如果发球手连续两次失误（双误），对手就会获得一分。如果发球成功，并且对手把球击回了，那么选手们就要进行连续对打，直到他们中的某个人没能把球击回给对手，使球弹跳了两次、触网，或者出界（这些都会使这名选手失去一分）。

选手要赢得一局比赛，必须要先得到四分，并且至少领先两分。第一分球记为15，第二分球记为30，第三分球记为40（历史上，这些数字代表1/4小时，即15，30，45，但是45后来改为了40），第四分球为破分点。如果没有得分，就记为0分。如果双方选手都达到了40，此时称为局末平分，接下来，一方必须领先另一方两分，来赢得这一局比赛。如果对手落后至少两局，那么先赢得六局的球员就赢了一盘。多数比赛中都会有三盘，但在男子比赛中通常会有五盘。在三盘制中，一方赢得两盘比赛即可结束比赛；在五盘制中，一方要赢得三盘比赛才可以结束比赛。

▲ 俄罗斯著名的网球运动员玛利亚·莎拉波娃从 2004 年起，相继将温网、美网、澳网的女单冠军奖杯收入囊中。并在 2012 年法国网球公开赛上，再次夺得女单冠军，是女子网坛第 10 位、公开赛年代以来第 6 位夺得全满贯的女子选手，曾被美国《体育画报》选为“最美丽运动员”。

▲ 出生在捷克的玛蒂娜·纳芙拉蒂诺娃移民到了美国，并成为网球史上最成功的女子网球选手之一。她曾经获得过 9 次温布尔登网球锦标赛的单打冠军，在 38 岁的时候，从网球场上退役。

大开眼界

最快的发球

2012 年，在韩国釜山挑战赛上，澳大利亚选手格罗斯把网球发球的纪录改写为 263 千米 / 时。

◀ 图中所显示的是伦敦女王俱乐部中的室内网球球场。室内网球有着悠久的历史，16 世纪古式室内网球成为法国的国球，之后，古式室内网球有了自己的规则，在欧洲，尤其是英国得到了较好的开展。

20 世纪 70 年代，由于一些专业的网球比赛变得很长，所以抢七局被引入进来。当双方的比赛分数达到 6 : 6 的时候，就需要由抢七局来决定谁为胜者。在抢七局中，由本该轮到发球的选手先发第一分球，对手接着发第二、三分球，然后双方轮流各发两分球。先得七分的球员如果至少领先了对手两分的话，那么他就赢得了这盘比赛。如果不是这样的话，那么抢七局就要继续进行，直到其中一方领先另一方两分。

在职业网球赛里，有 12 名裁判员判决每场比赛：1 名主裁判员、1 名司网裁判员和 10 名司线员。

大型锦标赛

从在后花园及地方俱乐部中进行的比赛，到国家乃至国际比赛，网球比赛分为很多级别。对职业网球选手来说，有四场大型的锦标赛：全英（温布尔登）网球锦标赛、美国网球公开赛（纽约）、澳大利亚网球公开赛（墨尔本）和法国网球公开赛（巴黎）。这些就是著名的网球“大满贯”赛事，赢得“大满贯”意味着要同时获得这四场比赛的全部冠军。澳大利亚的一名选手罗德·拉沃尔，在 1962 年和 1969 年，分别以业余选手和职业选手的身份，两次赢得了“大满贯”赛事的胜利。

中国选手李娜在 2011 年法网和 2014 年澳网上获得女单冠军，她也是中国乃至整个亚洲在网球四大满贯赛事上第一个夺得单打冠军的运动员，代表着中国网球运动的强势崛起。

▲ 图中所显示的是“大满贯”赛事之一——澳大利亚网球公开赛中的一幕。这项赛事以及美国网球公开赛都是在硬地球场上进行的，法国网球公开赛是在土地球场上进行的，而温布尔登锦标赛是在草地球场上进行的。

世界网球团体赛也是一项很重要的比赛。最著名的男子团体赛事是“戴维斯杯”赛，从1900年到1992年，美国队曾经赢得了30次冠军。最著名的女子团体赛事是“联合会杯”赛，它是1963年为庆祝国际网联成立50周年创办的。

在顶级比赛中，职业网球选手的酬劳是很高的，他们的奖金可以达到几百万美元。2011年澳网的总奖金达到2500万美元，而男女单打冠军则各能领走220万美元的巨额支票。除了奖金之外，顶级选手还可以通过代言像饮料、电动剃须刀以及运动服装这样的产品来赚取很多的钱。

草地保龄球

60岁后，你将不能再参加任何剧烈性的运动，即使是打高尔夫，对于那时的你来说，也将是一件筋疲力尽的事情。不过，有一种运动你却可以一直参加，那就是保龄球，因为，那时的你可能因为年纪太大而无法摇摆身体，但是，你却永远不会因为太老而无法滚动保龄球！

1996年，来自31个国家的队伍相聚在澳大利亚的阿德莱德市，参加户外保龄球世界锦标赛。1998年，运动员们前往马来西亚，并参加在那里举行的英联邦运动会。

◀ 1990年，英联邦运动会在新西兰的奥克兰举行，“草地女王”威伊·肖西代表西萨摩亚（今“萨摩亚”）参加了草地保龄球的比赛。这是一个完美的推球动作，并且完全符合比赛规则，她后面的那只脚正斜踏在自己的橡胶垫上。

各种比赛形式

户外的保龄球比赛项目是在草地上进行的，所以被称为草地保龄球，它有多种比赛形式。绿色王冠保龄球是在一种中间部分略为拱起的绿地上进行的，这种绿地的中间部分比边缘要高出 30 厘米，运动员可以在整个场地上的任何方向滚动保龄球。但是，绝大多数的草地保龄球比赛是在平坦的草地上进行的，面积为 36.5 ~ 40.2 平方米，并且四周被浅沟和矮堤围住。每场比赛都要在草地滚球场上进行，它是一条沿着整个草地的宽 5.79 米的保龄球道。

在平坦草地上进行的保龄球运动有多种比赛规则。英联邦运动会中进行的保龄球比赛形式在英格兰东部比较流行，有些保龄球俱乐部甚至拒绝进行其他形式的保龄球运动，尽管对一个外行来说，它与其他形式的保龄球运动之间的差距是很小的。保龄球协会组织的比赛是最主要的草地保龄球比赛，它的比赛规则是由国际管理机构——世界滚球总会（WBB）设定的，这个机构管理着所有顶级的户外比赛项目。当然，进行草地保龄球运动的最基本的要领就是，尽可能地将你手上的球滚到离小目标球最近的地方，不过，这是一件很富有技巧性的事情！你可以选择将球滚得很近，以阻断对手的路线；或者就是简单地试着将对手的球击出它原有的路线。

相关事宜

绝大多数的草地保龄球都是由塑料制成的，不过，由于它们的原始材料是木材，所以有些时候，它们会被认为是“木球”。草地保龄球有 9 种型号，最大的一种直径为 131 毫米，重达

冰壶

将草地保龄球比赛搬到冰场上，那就变成了冰上溜石游戏（一般称为“冰壶”）。这里的“保龄球”是一块带有钩状把手的圆圆的石头。玩这种游戏的人沿着覆盖着冰的球场，将这个“石头”击向目标。每队有 4 名队员，如果在一局结束的时候，这 4 名队员中的某个人的石头最接近目标的中心（目标标志），那么他所在的队就会获得一分。

滑动的石头会发出轰隆声，人们也将这种游戏称为“咆哮的运动”。但为什么那些运动员都在疯狂地“拖地”呢？比起听轰隆声，他们看起来更喜欢做家务杂事！其实他们只是在清理队友的石头在前进道路上的水，这样会使石头向前滑动得更加平直！

欧洲风格的保龄球运动

谁曾经是最著名的草地保龄球运动员呢？毫无疑问，那就是弗朗西斯·德雷克爵士。据说，他在出海袭击西班牙舰队前，选择先去打完一场比赛。1588 年，打保龄球是一件违法的事情，因为它分散了人们练习射击的注意力！如果弗朗西斯·德雷克爵士真的是进行了什么比赛，那最有可能是草地保龄球。下图中，图卢兹的老人们正在进行一场比赛。然而，正如你所看到的，这种形式的比赛没有英国的草地保龄球正规。这些草地保龄球运动员们不需要穿颜色鲜明的运动夹克，但他们穿的裤子看起来确实有点古怪！

1.587 千克。由于草地保龄球的球体并不是圆的，而是两面不平均的球体（球的一面比另一面圆），所以它们会沿着曲线滚动。而且球的重心也不是位于球心处，而是偏向一侧。当保龄球慢下来时，它们的运动路线就会向较重的一侧偏移。草地保龄球的两面都带圆形标志，但较重一面的圆形标志较小。当你滚动草地保龄球时，标志较小的一面必须朝向内侧，如果不是这样，它就会滚到旁边的另一块草地滚球场上去，这样你就会受到其他运动员的责备。世界滚球总会（WBB）对每种型号的草地保龄球都规定了最小偏重程度。如果你打算在国际比赛中使用自己的草地保龄球，那么就必须每 10 年对它们进行一次测量，以保证它们仍然符合 WBB 所规定的偏重标准。

参赛的人们会通过抛硬币的方式决定由谁来投掷小目标球。小目标球是一个白色的球，尺寸大约是其他球的一半。投掷者必须将小目标球沿着球场滚出至少 21.3 米，不过，大多数人更愿意它被滚得更远一些。运动员们会按照次序对着小目标球滚动自己的球。滚球时，他们必须一只脚站在或者悬在自己的橡胶垫子上。当你的球最靠近小目标球时，你就有一次击球的机会。

如果最后一次滚球结束时你有击球的机会，你将获得一分。实际上，如果每一次滚球，你的球都比其他对手的球更接近小目标球，那么你就会获得一分。如果你们不能判断谁的球更接近小目标球，那么可以测量一下你们的球与小目标球之间的距离，或者直接请裁判来测量。

草地保龄球比赛可以分为单人赛、双人团体赛、三人团体赛以及四人团体赛。每名运动员有相同数目的球（最多为 4 个）。这种比赛通常会有不同形式的赛局。在小型比赛中，当运动员们将他们所有的球滚完一次后，一个赛局就结束了。之后，他们改变方向，从相反的方向开始下一局的比赛。

▲ 如果对手的球明显地更接近于小目标球，那么这个运动员就得认输了。但是，如果存在任何争议的话，那么运动员就可以请求裁判来测量解决。

▼ 草地保龄球过去是一项夏季比赛项目，但是，室内草坪的出现改变了这种情况。如图所示，比赛场地的表面是人造的纤维地毯，它们被放在带有木底的厚厚的地毯垫上。

乒乓球

提到乒乓球，你也许会不屑一顾，与网球、足球、篮球相比，乒乓球显得微不足道。然而，正是这不起眼的小球，却为中国赢得过无数辉煌的历史。

“乒乓”二字来源于打球时发出的声音，它听起来富有东方气息，但并非发源于东方，而是来自英国的一种室内游戏。1891 年，英国人为乒乓球申请了专利。

1926 年，国际乒乓球联合会（ITTF）成立。迄今为止，国际乒乓球联合会已有 160 多个成员国，每两年举办一次国际乒乓球锦标赛。2005 年，世界乒乓球锦标赛在上海举办，男女单打冠军都来自中国，他们是男子冠军王励勤和女子冠军张怡宁。除此之外，还有男子双打、女子双打和男女混双冠军以及颁发给各国国家队的团体优胜奖杯，如男子团体“斯韦思林杯”，女子团体“考比伦杯”。

乒乓球从 1988 年开始，正式成为奥运项目。

◀ 张怡宁，2005 年世界杯、2008 年奥运会、2009 年世乒赛女子单打冠军，连续使用富有攻击性的上旋式球进攻她的对手。

乒——乓！

你可以自己做一个乒乓球拍，只要选择恰当的胶合木板做底板就可以了。进攻型球手喜欢质地更坚硬的木板，用海绵和橡胶贴面，最厚不超过 4 毫米。在贴面的橡胶上，应有颗粒突起，覆盖球拍板面时，颗粒向外，做成表面不平的正胶拍面。较长的颗粒可以使球产生下旋效果，较短的颗粒适合"平击"球，没有多少旋转效果。上旋击球手喜欢将胶皮颗粒向内

大开眼界

又快又狠

许多草地网球运动员自认为很健壮，因为网球球拍大、发起球来威力无比。他们还提到网球的发球速度——好像这也在某种程度上增加了网球的趣味性。无疑，他们看不起谦逊的"乒乓"球员——但他们是否知道，乒乓球星们扣球时球的飞行速度可以高达每小时 250 千米？现在它并不只是"乒""乓"小球了，对吗？

球台

玩乒乓球当然不能没有球台了。它通常是暗绿色木质球桌，上面漆着白色线条。

乒乓球直径 40 毫米——比赛时其重量必须是 2.7 克。乒乓球有一星、两星、三星之分，星越多，质量越好。

有趣的握拍方法

别指望你拿起球拍就能打乒乓球——得先学会握拍的方法。方法有很多，年轻的乒乓球爱好者们可以自由选择，但总体说来可归为两大类。欧洲人和美国人更习惯用网球式或横拍握法（如同握手一样）——这种方法能更好地控制球拍的角度。许多中国人和东南亚人喜欢用直拍握法（如同握笔一样）——这种方法适合于快攻。如图所示，除大拇指和食指外，其他的手指均放在球板后面，发球时只用球拍的正面击球。

贴在拍面上，这就是表面光滑的反胶拍面。球拍两面的橡胶可以不同，但必须是一面红色一面黑色，这样对手才能预测来球的性质。

比赛开始前，掷硬币决定谁先发球。发球人将球从手中抛起，至少抛出 16 厘米高，但许多高手级球员能将球抛到 7 米多高。这能为发球增加旋转效果。发球时先将球击到本方台面，球弹过网后，落在对方台面并再次弹起，这时对方才能回球。在一局比赛中，先得 11 分的一名或一对运动员为胜方；若双方 10 平后，先多得 2 分的一名或一对运动员为胜方。一场比赛采用奇数胜出制。在一局中，在某一方位比赛的一方，在该场下一局应换到另一方位。在决胜局中，一方先得 5 分时，双方应交换方位。在获得每 2 分后，接发球方即成为发球方，依此类推，直至该局比赛结束，或者直至双方比分都达到 10 分或实行轮换发球法，这时，发球和接发次序仍然不变，但每名球员每轮只发 1 分球。如果运动员在发球时，未能触及球，将被判失 1 分。发球员发生明显没有按照合法发球规定的发球动作时，无须警告，直接被判失 1 分。

2012年8月8日，在伦敦奥运会乒乓球男子团体决赛中，中国队3:0战胜韩国队，获得冠军。夺冠后中国队队员马龙、王皓、张继科与主教练刘国梁合影庆祝。

来自瑞典的著名乒乓球运动员扬·奥韦·瓦尔德内尔是中国人的老朋友，更被喜爱他的球迷们称为“常青树”。他是世界首位世乒赛、世界杯和奥运会男单“大满贯”得主。他打了20多年乒乓球，却仍可以和小他10多岁的新生代选手抗衡。

在世界乒乓球锦标赛上，王楠连续三次获得女子单打冠军，为中国乒乓球事业创造了辉煌成绩。

台球

台球也叫桌球、弹子球、撞球，起源于欧洲。经过600多年的发展，已经成为一项受众广泛的大众运动。

台球的玩法众多，有英式斯诺克、英式比列、开伦台球、美式台球、法式台球等多种。其中，最为优雅的要算英式斯诺克了。在国际大赛中，一般指的也是斯诺克台球。

▼ 斯蒂芬·亨得利是最伟大的斯诺克选手之一。图中，他正用球杆击打台球。

球台

斯诺克球台的台面是由石板制成的，高出台面的边框还镶有硬橡胶垫。台面上覆盖一层绿色的布（台呢）。打进不同的彩球可以得到不同的分数，每打进一个红球计 1 分。

3.5 米
母球
D 区，即开球区
绿球（3 分）
内区
褐球（4 分）
黄球（2 分）
底袋
蓝球（5 分）
粉球（6 分）
开球线
黑球（7 分）
中袋
1.75 米
0.850 ～ 0.875 米
顶袋

黑色咒语

“斯诺克”在英语中的意思是“阻碍”，当年老上校张伯伦无意中用这个词给这项运动命了名，如今这个咒语依然不时地出现在一些选手身上。你可以设法使对手要打的球（目标球）位于他不能击打的球的后面，以此来给他制造阻碍（即制造“斯诺克”）。图中，最后一个红球藏在黑球后面。按照规则，对手此时只能打红球，他要让母球敏捷地绕过黑球，或者通过撞击台边反弹来完成，二者都是高难度的。如果对手没能打到红球，你就可以得到 4 分。

斯诺克台球

斯诺克明星十分注重自己的绅士风度，但其实这项游戏起源于民间。1875 年，驻印度的英国军官们热衷于一种新的运动。有一次，内维尔·张伯伦上校戏谑一个没有击中球的同伴为“斯诺克”（当时对军校一年级新生的流行称法），后来这个名字便沿用了下来。一年一度的世界锦标赛在英国谢菲尔德的克鲁西布剧院举办。

每次（局）比赛前，都要用一个三角框摆放好 15 个红球。选手用球杆（一根木杆，顶端粘有优质皮革制成的皮头）击打白色母球，并用母球去撞击某个红球。如果选手击中一个红球并使之落袋，就得一分。然后，他要选择一个彩球（桌面上有黄、绿、褐、蓝、粉和黑色球各一个），并将彩球击落袋中以获得更多分数。击落的红球就留在球袋中，但是彩球要取出来放回自

▲ 丁俊晖，中国男子台球运动员，著名斯诺克选手，被欧洲媒体称作“东方之星”。截至 2013 年 11 月 3 日，世界排名第三位，职业生涯共获得 10 次排名赛冠军、两次世界斯诺克球员巡回锦标赛（PTC）分站赛冠军以及一次温布利大师赛冠军。

你知道吗？

速度 VS 安全

吉米·怀特是斯诺克球坛最狂野不羁的球员之一。他能在 4 分钟内赢得一局，但是却经常在世界性的决赛中输掉比赛。

克里福·索博则是打安全球的巨头。1993 年，索博的一局球持续了枯燥的 94 分钟，一场足球赛加伤停补时也不过这么长时间！

比列计分规则

用母球击中两个目标球（双着）得两分，将其中一个球击落（送入）袋中，如果是红球得三分，如果是对方的白球得两分。自己的白球在击中红球后落袋（自落）得三分——击中对方白球后落袋得两分。

色球或花球

美式台球也有自己的世界杯。它同样也是选手在涉足斯诺克台球之前，一项很好的台球入门课程。美式台球的球桌比斯诺克的球桌小，很多旅店和酒吧中都设有美式台球的球桌。

美式台球有很多种玩法。有时，15 个目标球都被依照次序编了号，选手必须将它们一个一个地按顺序击入袋中；有时选手必须坚持打一种球，只打花球，或只打色球；或者在击球之前先声明他想将球打进哪个球袋。

己的原位点（开球前，它们在台面上的位置）上。选手交替击打红球和彩球（最好是分值高的彩球），直到红球全部入袋，然后按黄、绿、褐、蓝、粉、黑的顺序再将所有彩球击落袋中。在这个过程中，如果这名选手某一次没能成功进球，就轮到他的对手击球，他刚才得到的分数就作为本次的单杆得分加到他的总分当中。当最后的黑球落袋后，一局就宣告结束。当然，如果在这之前一名选手因落后太多而认输，这一局也算结束。

如果选手犯规，就将被罚分，并且换成对手击球。犯规包括用球杆外的其他东西触动台面上的球，或者将母球击入球袋（如果出现这种情况，母球取出后将摆在 D 区，即开球区）等。一个严肃的斯诺克明星打出满分杆的情况极为罕见，因为他需要一杆打进 15 个红球、15 个黑球和所有的彩球，才能获得最高分 147 分。因此控制母球的走位是至关重要的。应该尽量将母球停在一个利于下一次击球的位置，如果选手自知无法击球入袋，就可以将母球停在令对手很难打的位置（这种打法被称为“做安全球”或“斯诺克”）。

英式比列台球

英式比列台球已经有 600 年的历史了，它和斯诺克所用的球台是一样的。在比列台球中，两名选手各有一根球杆和一个白色母球，其中一个白球上带两个黑点以示区别。除此之外还有一个红球。比赛按双着（母球与两个目标球接触）、送入（目标球被其他球撞入球袋中）和自落（母球撞击目标球后，自身落入球袋）来计分。如果一名选手一击没能得分，就结束了一杆，换对手击球。比赛进行到一个商定或规定的时间，或一方达到商定或规定的分数时，该局结束。

场地球类运动

作为运动迷，我们经常会进入各种各样的球类运动场地，比如网球场、壁球场等。现在，这些场地球类运动又一次席卷而来了，运动员们个个都生龙活虎，精力充沛。

这些活力四射的运动员们都很高大，许多篮球运动员的身高都在210厘米以上。迈克尔·乔丹的身高仅有198厘米，可是他却赚到了很多钱。在1995年，390万美元的年薪以及价值4000万美元的产品代言收入，使他成为当时体育界里收入最高的人。他参加的由美国国家篮球协会（NBA）组织的职业篮球赛最受美国年轻人欢迎。NBA六个赛区中的每支队伍，在每个赛季中都要举行82场比赛。NBA东、西部联盟的最后决赛采用七战四胜制。

国际篮球联合会（FIBA）已经拥有了200多个成员国。美国主宰着奥林匹克男子篮球比赛，自从1992年允许职业选手参加奥林匹克男子篮球赛以来，美国NBA明星组成的梦之队很轻松就能获得篮球赛的冠军。但是，在女子篮球赛以及世界锦标赛中，要想取胜就要艰难一点了。像西班牙皇家马德里这样的欧洲俱乐部也在组织NBA式的锦标赛。

◀ 洛杉矶湖人队的得分后卫科比·布莱恩特跳起来投篮。投篮得分的方式有很多种，你可以跑起来突破对方防线，使球在篮筐附近打板进筐得分（擦板球），也可以跳得更高，然后从上面强力灌篮得分。

篮球

1891 年，詹姆士 · 奈史密斯博士把竹篮固定在美国某个体育馆的墙上，发明了我们现在所熟知的篮球运动，它是为数不多的几种诞生于美国却风行世界的运动。但是这种运动的比赛规则却不是始终不变的，在不同的国家，比赛规则会有些许的改变。比如说，在国际规则中，是把比赛分为两个持续时间为 20 分钟的半场，而 NBA 的比赛规则是将比赛分为四个持续时间为 12 分钟的四分之一场。

在篮球比赛中，比赛双方各有 5 名队员；队员要努力把篮球投进对手的篮筐中。运动员们把篮球传给自己的队友，或者运球前行。在 3 分线外投进的球，可以得到 3 分，而在 3 分线内投进的球，可以得到 2 分。

篮球场地

篮球场地的地面必须坚硬，室内场地通常是木制的。场地尺寸可以有所不同，下图中所示的是按照国际规则制定的专用场地的尺寸，NBA 比赛中所用的场地要稍微大一些。罚球时，运动员要站在罚球线的后面。

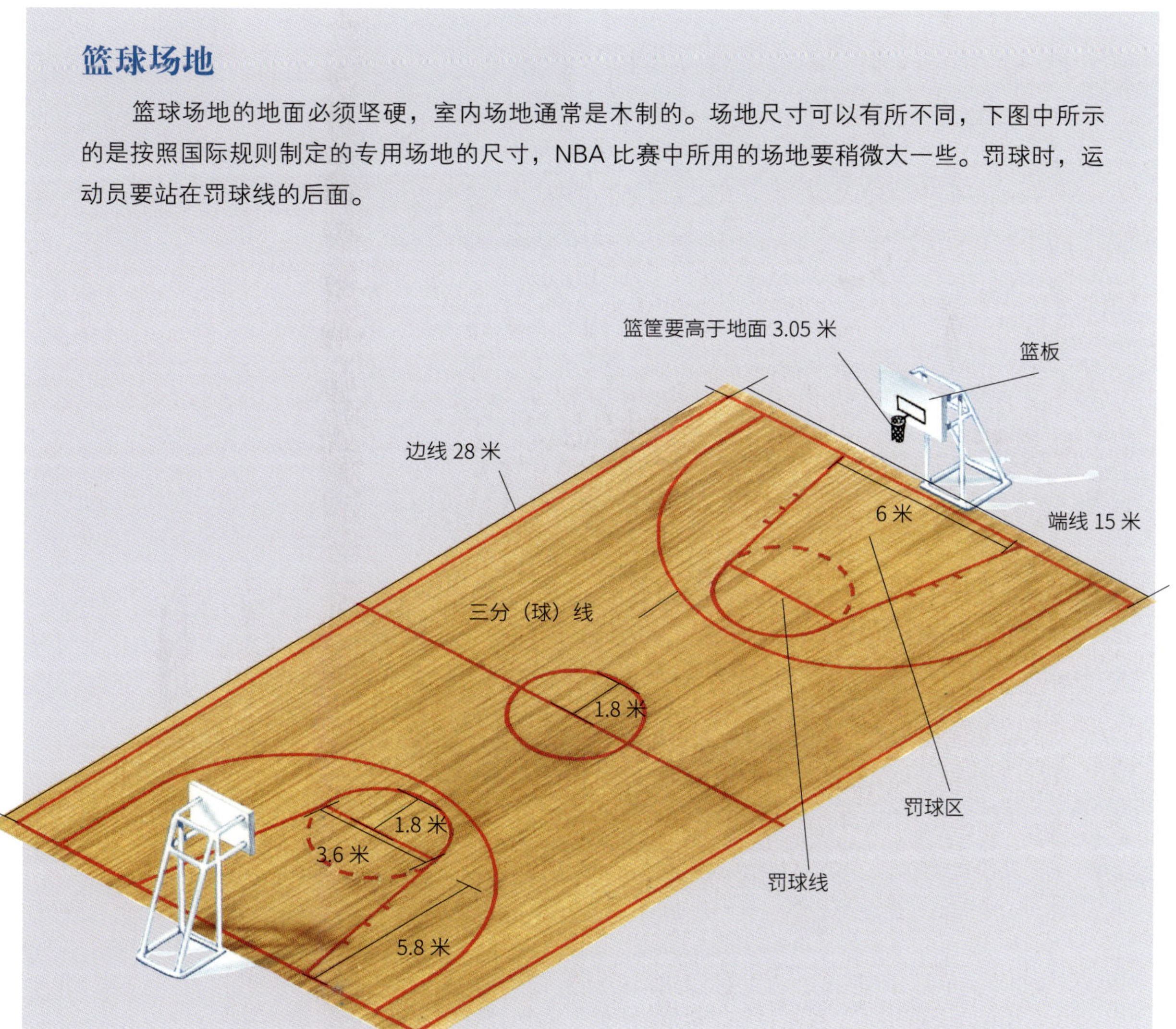

▲ 如果洛杉矶湖人队的“魔术师”埃文·约翰逊是一位足球守门员的话，评论家们会说他是“一位很成功的守门员”，而在此时，这位“魔术师”已经很成功了。

▲ 科比·布莱恩特，NBA著名得分手，曾在2006年和2007年分别获得“得分王”称号。效力于洛杉矶湖人队，是迄今为止NBA史上继乔丹之后最伟大的后卫。他的个人技术全面，突破、投篮、罚球、三分球都驾轻就熟，几乎没有进攻盲区，单场比赛个人最高纪录是81分。2008年科比获得NBA最有价值球员奖，拿过五届NBA总冠军。

在篮球比赛中有三种犯规形式。篮球是一种不应该有身体接触的运动，所以运动员会因用身体碰撞对手而侵人犯规。违例的行为还包括非接触式的违规，比如运球前行的时候，已经前进了两步，却没有使球在地上弹跳。其他的违规还包括不礼貌的行为，比如侮辱裁判，这是一种技术犯规。如果运动员犯规了，某些情况下就会判给对手在罚球线处进行2个罚球投篮的机会。这种罚球每投进去一球得1分。

篮球是一种很注重速度的比赛，所以紧张的时间限制使运动员在比赛中不能有片刻的喘息。在得到球后，运动员必须在10秒内把篮球移动到对手的半场中；他们必须在30秒内投篮，在NBA比赛中的时间甚至更少，要在24秒内投篮；在罚球线处罚球必须在一定时间内完成，如5

秒。队员的位置一般用数字表示，但与运动员们球衣上的数字无关。1号位置的队员为控球后卫，他负责运球、传球和实施进攻。得分后卫（2号位置的队员）擅长长距离投篮。小前锋（3号位置的队员）通常是技术性最强的球员。大前锋（4号位置的队员）擅长在球没有入篮而是从篮板或篮筐弹出来之后，重新抢夺球的控制权（抢得篮板球）。球队的中心人物是5号位置的高大队员——中锋。但是，很多球队都不会使用所有的位置，一名优秀的后卫可以替代一名前锋或者中锋。

▲ 阿伦·艾弗森，美国NBA著名运动员，1.83米的个头在NBA里算较矮的，但他原地净弹跳高度能达到1.03米，助跑净弹跳高度更是达到了1.14米，曾被NBA选为历史上最矮的状元秀，绰号“答案（The Answer）”。

排球

每队有6名队员。在连续对打中，运动员通过把球击打过球网，使球在对方的边界线内落地，或者由于对方没有把球击打回来或击打出界，而赢得一分。每一队有3次机会将球击回到对方的场区。

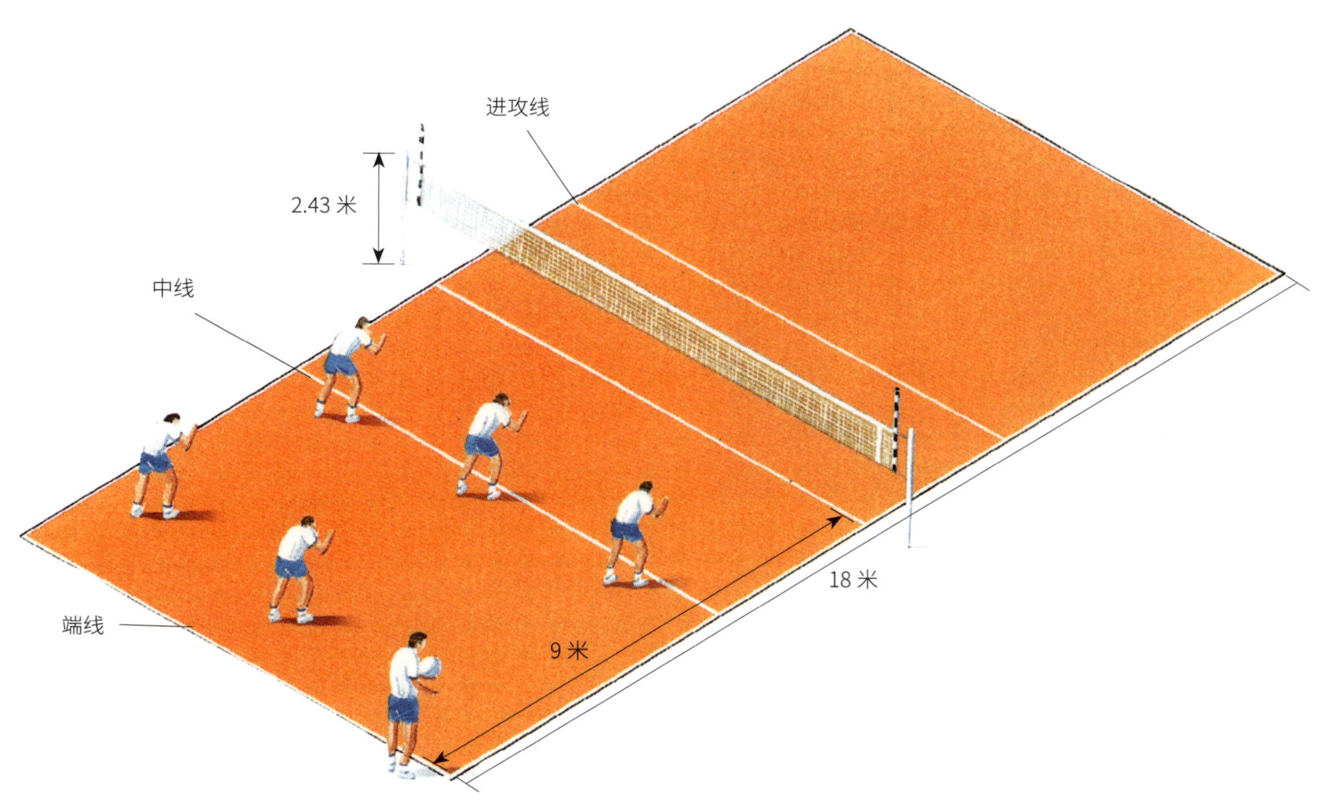

▲ 在2010年世界女排大奖赛中，巴西队和德国队互不示弱。巴西队员塔伊萨（白衣者）高高跃起，打出了一个强有力的扣球。

▲ 中国女排是近代中国体育团体项目中成绩突出的团队之一。曾在1981－1986年夺得世界级大赛冠军，成为世界上第一个“五连冠”得主，并又在2003年和2004年两度夺冠。图为2011年世界女排大奖赛中，中国姑娘正奋力拦网。

运动员不能连续多次触球，尽管在单个动作上的两次击打可以算作一次触球。比赛由5局构成，在前4局比赛中，首先获得25分，并至少领先对手2分的一方会赢得一局的胜利。在第五局比赛中，一方只需达到15分，并领先对方至少2分就可以赢得这一局的胜利了。在连续对打中，失败的一方将失去发球权，由得分的一方来发球。

其他球类

当篮球运动正在被改进时，一种类似篮球的无挡板篮球比赛诞生了，这是一种女子运动，双方各有7名队员，队员之间不能有身体接触。1895年，陶乐斯博士把它引进到了英国，并在肯特郡的达特福德校园中进行推广。草坪场地让位于硬地场地。澳大利亚和新西兰对四年举办一次的世界锦标赛有着决定性的影响力，1998 年，在吉隆坡举办的英联邦运动会上进行了无挡板篮球赛。

奈史密斯博士的一个学生威廉·摩根在 1895 年发明了一项新的运动——排球。在他发明的排球比赛中，球网不是系在竹篮上的，而是跨过了整个场地。两支球队的队员，运用腰部以上的任何身体部位击打球，使球在球网的前后来回运动。这种疯狂的运动需要团队成员之间密切合作，是一项很受欢迎的奥林匹克比赛。有 200 多个国家加入了国际排球联合会（FIVB），它同时也管理着沙滩排球，尽管美国的沙滩排球明星们现在已经有了自己的组织——美国职业排球联盟（AVP）。

团体手球是一种完全不同的运动。这项运动最初发源于德国，人们于 1895 年第一次进行这种比赛。从 1972 年开始，这种室内的、7 个人一队的团体手球比赛形式，成为奥林匹克运动会中的比赛项目，它有自己的世界锦标赛，以及由各个俱乐部参加的欧洲杯比赛。

无挡板篮球

比赛场地分为三部分，当攻方在 5 号区域准备投篮时，运动员们必须按照以下规定处于各自的区域中：守门员—— 1 号和 2 号区域；防守后卫——1 号、2 号和 3 号区域；防守边锋——2 号和 3 号区域；中锋——2 号、3 号和 4 号区域；进攻边锋——3 号和 4 号区域；进攻后卫——3 号、4 号和 5 号区域；投篮手——4 号和 5 号区域。进攻后卫和投篮手把球从投球圈内抛进圆环中，获得得分。运动员们可以将球投向队友，或者把球弹击给队友，他们不能拿着球走或者跑，球在他们手中停留的时间不能超过 3 秒。

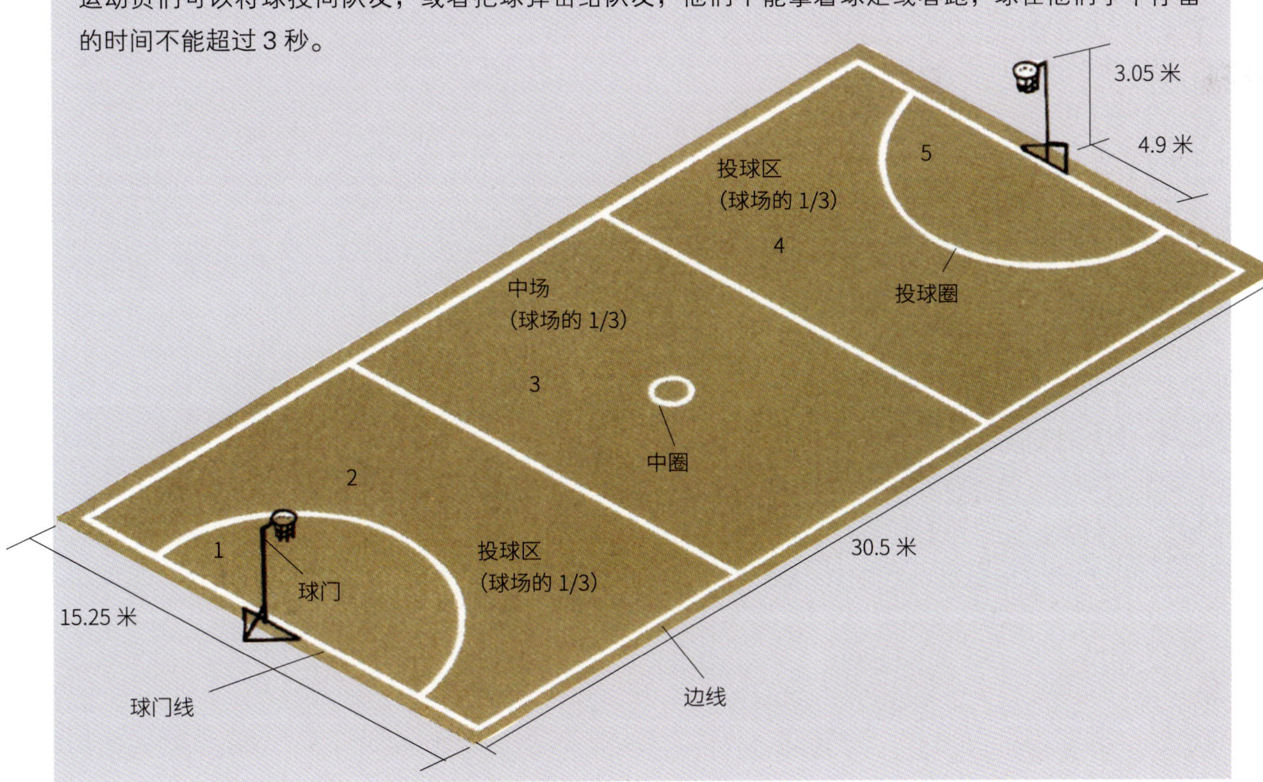

奥林匹克式沙滩排球

顾名思义，沙滩排球是在沙滩上打的排球，但并不是在任何古老的沙滩上都能进行的。比赛规则规定，比赛场地中的沙粒必须是圆的，并且要经过筛选，颗粒要精细，不能太粗糙，但是也不能太精细，以至于可以粘在人们的皮肤上。在场地中，海里的贝壳是绝对不能有的。这是一项奥林匹克运动，伙伴们，我们不要在这里建沙堆城堡了！这项运动源于美国加利福尼亚州，这是一个有着悠久和古老的沙滩生活传统的州。

运动员们可以在像曼哈顿沙滩排球公开赛这样的赛事中，得到 10 万美元的奖金。在那些寒冷的地方，沙滩排球则在室内进行。

团体手球

手球有点像足球，只是它不是用脚踢，运动员可以用膝盖以上的任何身体部位来击球。队友们互相传球，运球前行。他们每行动三步至少要让球弹跳一次，最终把球投进球门。只有守门员可以站在球门区。比赛中，身体接触是允许的。你可以把球从对方球员的手中打落下来或阻止对方前行，尽管粗野的动作可能会使对方获得罚球的机会，或者使对方获得在自己球门边罚点球的机会。

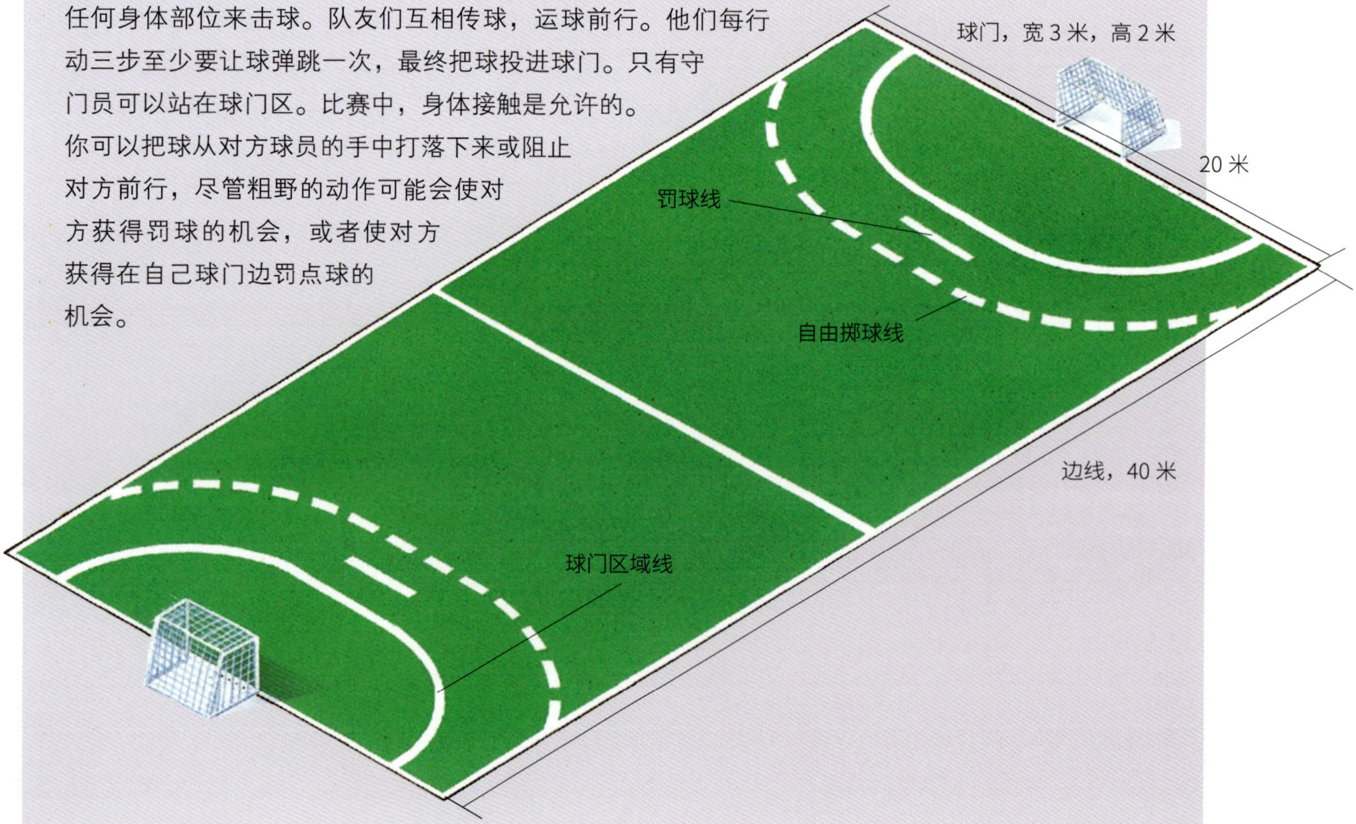

室内场地运动

典型的室内场地运动主要指壁球、羽毛球、手球、回力球、墙手球等。它们都在室内进行，因而不受季节、天气限制，深受人们喜爱。

有时候，你可以亲自参加这些运动。它们都非常棒，即使在冬天，你也会感到舒适惬意。当凛冽的寒风吹过足球运动场，将足球运动员的手指冻得发青时，你却待在温暖的球馆里，旁边或许还有热饮机，这真让人羡慕。

▲ 标准的室内网球场馆只有在高级体育俱乐部和宫廷中才能看到。在欧洲，一些皇室贵族，甚至国王都很喜欢网球运动。它的比赛规则非常复杂。

▲ 1994 年，全英羽毛球公开赛在英国伯明翰举行。在重大羽毛球比赛中，小组赛同时进行，这样，现场的观众可以有选择地观看比赛。

壁球

美式壁球比较独特，场地较窄，球较硬。而本文介绍的壁球运动，采用的是国际壁球联合会（后与国际女子壁球联合会合并，1992 年更名为世界壁球联合会，简称 WSF）的比赛规则，在其他许多国家广泛流行。

壁球场地由四面垂直墙围成。球拍的框架通常用石墨制成，球杆较长，拍面较小。壁球用橡胶制成，分为黄点球、白点球、红点球、蓝点球四种。色点不同球速也不同，黄点球速

你知道吗？

贵族运动

有人认为，18 世纪时英国“舰队”监狱里的犯人们（大多数是触犯刑律和教规的贵族）发明了壁球运动。还有人认为，它是英国哈罗中学（一所贵族学校）的学生们发明的，距今大约有 160 年的历史了。由于当时运动场地数量有限，学生们又不愿意在场地外苦等，于是发明了这种类似网球的运动以消磨时光。为了不打碎玻璃，他们使用质地柔软的球。

壁球场地

壁球场地的四面墙壁非常光滑，甚至连入场门的把手也很平整光滑。

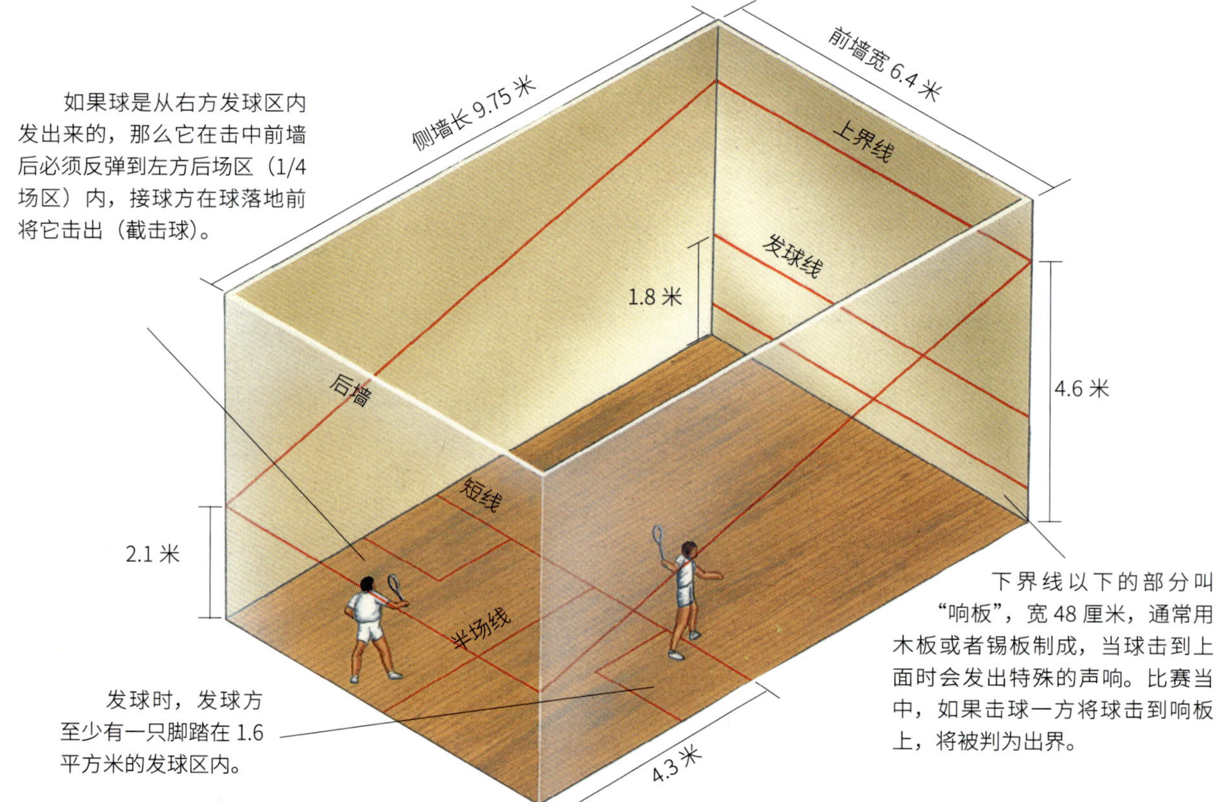

度最慢，蓝点球速度最快。黄点球为标准比赛用球，蓝点球一般为初学者使用。壁球在冷空气中会减慢飞行速度，所以球员可以根据场地气温选择相应色点的壁球。

▲ 原来，观众只能通过“听”的方式了解壁球比赛进程（由裁判报告比赛情况）。如今，大多数壁球场地都采用了“透明”的玻璃墙或者塑料墙，这样，现场观众就可以“观看”到比赛。

国际壁球联合会规定的标准场地分为单打和双打两种。单打时，两名选手轮流向前墙击球。只有有发球权的选手才能得分（发球得分制）。如果接球方回接失误，发球方将赢得 1 分；如果发球方出现失误，接球方得到发球权。大多数比赛都采用三局制或者五局制，率先得到 9 分的选手赢得当局比赛。

▲ 2018 中国香港壁球公开赛女子单打比赛中，新西兰选手乔艾尔 - 金（白衣）3 : 1 战胜埃及选手夏玛妮，进入八强。

壁球是一种快节奏、高强度的运动，球员在木制地板上来回移动，球在墙壁与球拍之间快速弹射。发球方站在发球区内发球。下手发球或者上手发球后，球必须击在前墙上界线和发球线之间。对打开始后，每一个击球都要打在上界线以下和响板以上的区域内。接球方不可以把球打在地板上，但是可以把它击向侧墙或者后墙，再反弹到前墙。

有时，击到前墙的球会先弹射到侧墙，然后再弹回地面，这种打法可能会使接球方在判断回球路线时产生失误。打后墙球（把球击向后墙）时力量要大，这样球才能从后墙直接反弹到前墙。当出现球在地板上弹起两次、触到界线或者出界，以及妨碍对方把球击向前墙等情况时，此轮对打结束。

比赛时，记分员宣布得分和球员犯规、失误情况。选手只要认为对方妨碍了自己直接把球击向前墙，就可以向裁判提出上诉，然后裁判根据比赛规则做出相应的判罚。

羽毛球

羽毛球是一项优雅的运动，但运动量比较大，同样会使人筋疲力尽。世界羽毛球联合会（BWF）负责与羽毛球有关的各项事宜，例如，组织世界锦标赛或者国际大奖赛。

羽毛球很容易入门。球拍通常用石墨、铝和钢制成，质地较轻。与圆形的球不同，羽毛球是近似锥形体的“球”，由 16 根羽毛和球托组成。羽毛球的重量大部分集中在球头。每个羽毛球的平均重量约为 4.8 克。重的羽毛球飞行速度快、飞行距离远，尤其适合在寒冷的球馆里使用。羽毛球可以用人造材料（如塑料）制成，价格便宜；但是顶级球员使用的羽毛球是由天然羽毛制成的，非常昂贵。

与壁球的发球得分制不同，羽毛球比赛实行每球得分制，也就是说即便没有取得发球权也能得分。发球方站在发球区内，下手发球后球必须落到斜对角的发球区内。为了不让对方扣球，很多人都喜欢发低球。当然，发高球也能带来很多变数，它能掩饰球的方向。对打开始后，选手可以将球回击到对方半场内的任何地方。

羽毛球一旦触地，此轮对打随之结束。压线球和落在边线内的球都是有效球，所以，选手对于是否回接这样的球要做出及时而准确的判断。选手通常喜欢向下扣球，但是他们也能把对方扣过来的球轻轻地挑过网，让它在靠近球网的地方落地，或者把它吊到边线处。

大多数比赛都采用三局两胜制，率先得到 21 分的选手赢得当局比赛。场地上标有单打边线和双打边线，其中里边的两条边线为单打边线。世界羽毛球联合会制定新赛制后，羽毛球比赛更具有观赏性。

▲ 在羽毛球场地的两个半场上各有一条“T”形线，选手们通常尽量占据“T”形线的中心位置，因为在那儿他们可以掌控全局。

▲ 2008 年北京奥运会羽毛球比赛中，中国著名羽毛球运动员林丹正在奋力拼杀。他在这场决赛中获得了冠军。被中国球迷称为“超级丹”的林丹，又先后在 2011 年伦敦世锦赛、2012 年伦敦奥运会上获得羽毛球男子单打冠军。

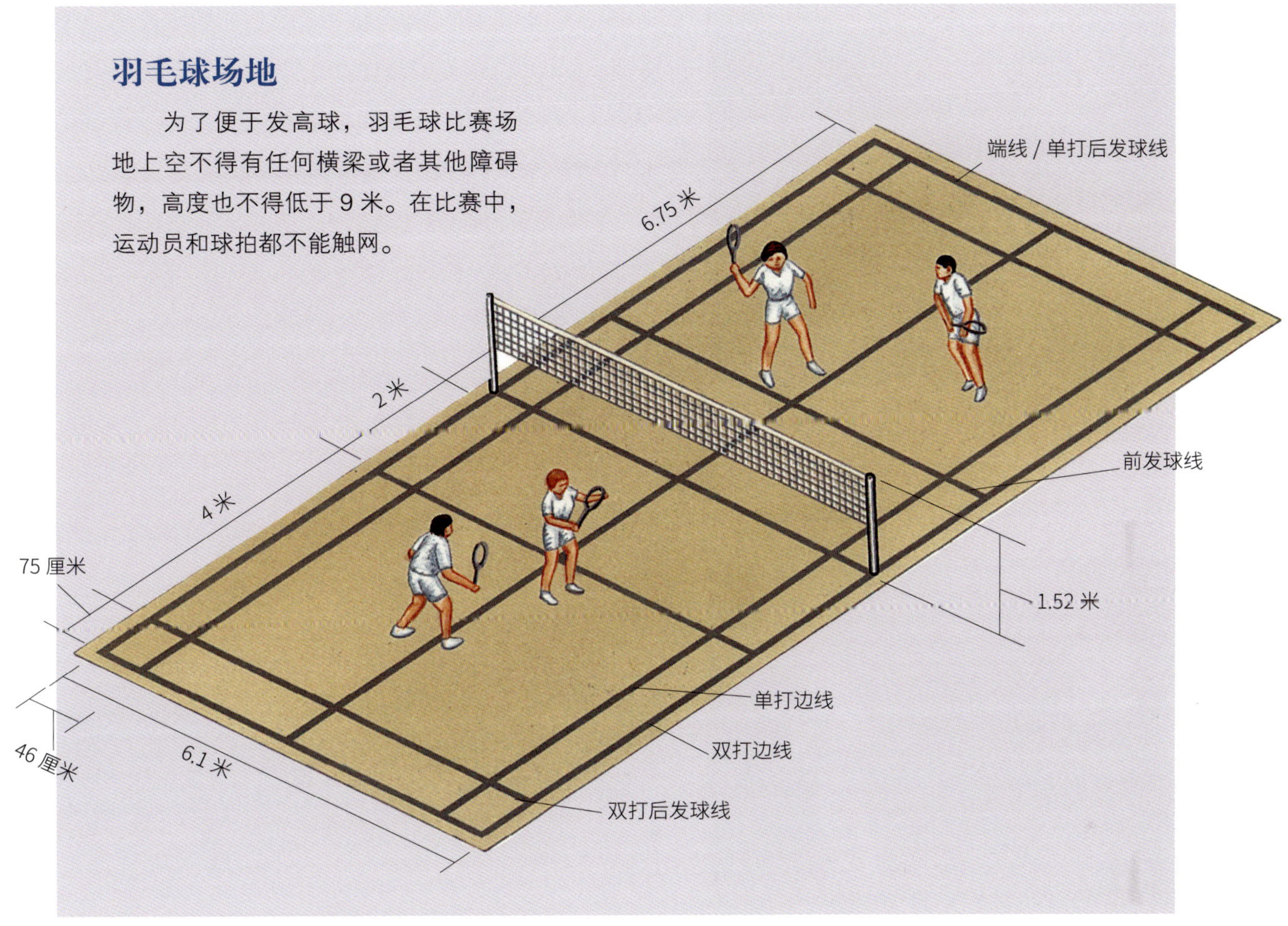

被忽视的室内场地运动

在其他室内场地运动中，有的不太引人注意，有的对大多数人来说闻所未闻。它们中的大多数都和壁球运动相似——在四面有墙的场馆里进行，不同的是使用的球拍形状各异。

回力球球拍的手柄短小、粗硬，像一个被锯短了的网球拍。板手球球拍用硬质木头制成，上面不使用任何线绳。手球运动员根本不使用球拍，他们戴着特制手套，用手击球。

墙手球是一项类似于手球的运动，参赛者为两

你知道吗？

羽毛球的起源

羽毛球运动起源于古老的东方文明。当时，球员在比赛中互相协作，有时为了不让球落到地面上，他们就用脚踢球。球员之间缺乏激烈的竞争，因此欧洲人不喜欢这种被称为“毽子板球”的运动，后来他们修改了比赛规则，使比赛变得更加激烈。现代羽毛球运动诞生于英格兰格洛斯特郡的伯明顿镇。

▲ 这是西班牙和墨西哥之间的一场回力球对抗赛。比赛场地的后墙用玻璃制成，这样观众就能观看到比赛，并为自己支持的球队加油。

人或者四人。墙手球分为两种，一种是洛哥比式墙手球，它起源于英国洛哥比中学，但如今远没有同样起源于洛哥比中学的橄榄球名气大；另一种是伊顿式墙手球，它起源于英国伊顿学院。

▲ 洛哥比式墙手球是一种类似于壁球的运动，它们最大的不同就是墙手球选手要带上特制的手套，用手击球。

回力球

许多体育爱好者都知道，回力球是世界上速度最快的球类运动之一。西班牙人何塞·阿莱伊多曾将一个回力球击出了 302 千米 / 时的速度。对于回力球来说，200 千米 / 时的球速很常见，所以运动员们在比赛时要戴上保护性的头盔。有时候，击出去的回力球比快速飞行的子弹还要快。回力球究竟是怎样的一种运动呢？它起源于西班牙北部的巴斯克地区，西班牙殖民者把它带到美洲。它基本上与壁球相似，选手要把球击到对面的墙（前墙）上，并希望对手接不到回球。不同的是，回力球的玩法很多。回力球场地短至 30 米，长至 54 米。回力球球拍的种类也很多，有的类似于网球球拍，但要比网球球拍小；有的酷似一个大木勺；有的是用柳条编成的长勺状手套……

▶ 回力球是当地最受欢迎的运动，因而巴塞罗那奥运会（1992 年）把它列为表演项目之一。

曲棍球

在英语中，人们常用“乐呵呵的曲棍球棒”来无情地揶揄那些傻开心的家伙。不过这种比喻是谁首先提出来的呢？或许在他眼中，曲棍球棒的样子显得很傻。总之，这句谑语的发明者不可能是一名曲棍球运动员。

曲棍球球棍的棍头是用坚硬的桑木制成的，足以承受球棍之间的撞击——不过不用害怕，曲棍球是一种非接触式运动。运动员之间不能用身体或球棍触碰对方，即使球棍与球棍的接触也是被禁止的。但是为了以防万一，大多数球员都戴着防护牙托，并且会把手指关节包裹起来。曲棍球守门员的保护装备十分完善，他们会戴着头盔、护腿板和泡沫护脚。

球棍的棍头一面扁平，另一面浑圆，运动员只能用扁平的一面触球。在带球时，你可以用球棍来回击球，但是你要不断地翻转球棍，以保证总是使用扁平的一面触球。这种控球技巧叫作晃球，它是由印度运动员发明的。

英格兰球员波林·罗伯逊正试图将球从荷兰球员佛罗伦丁·斯丁堡面前钩走，但是他要注意不能碰到对方的身体，否则就犯规了。

曲棍球运动

曲棍球运动也称场地曲棍球，它可以在天然草地上进行，但是人工草皮表面更加平整，效果最佳。在曲棍球运动中，只有在射门弧内射门进球才算得分。

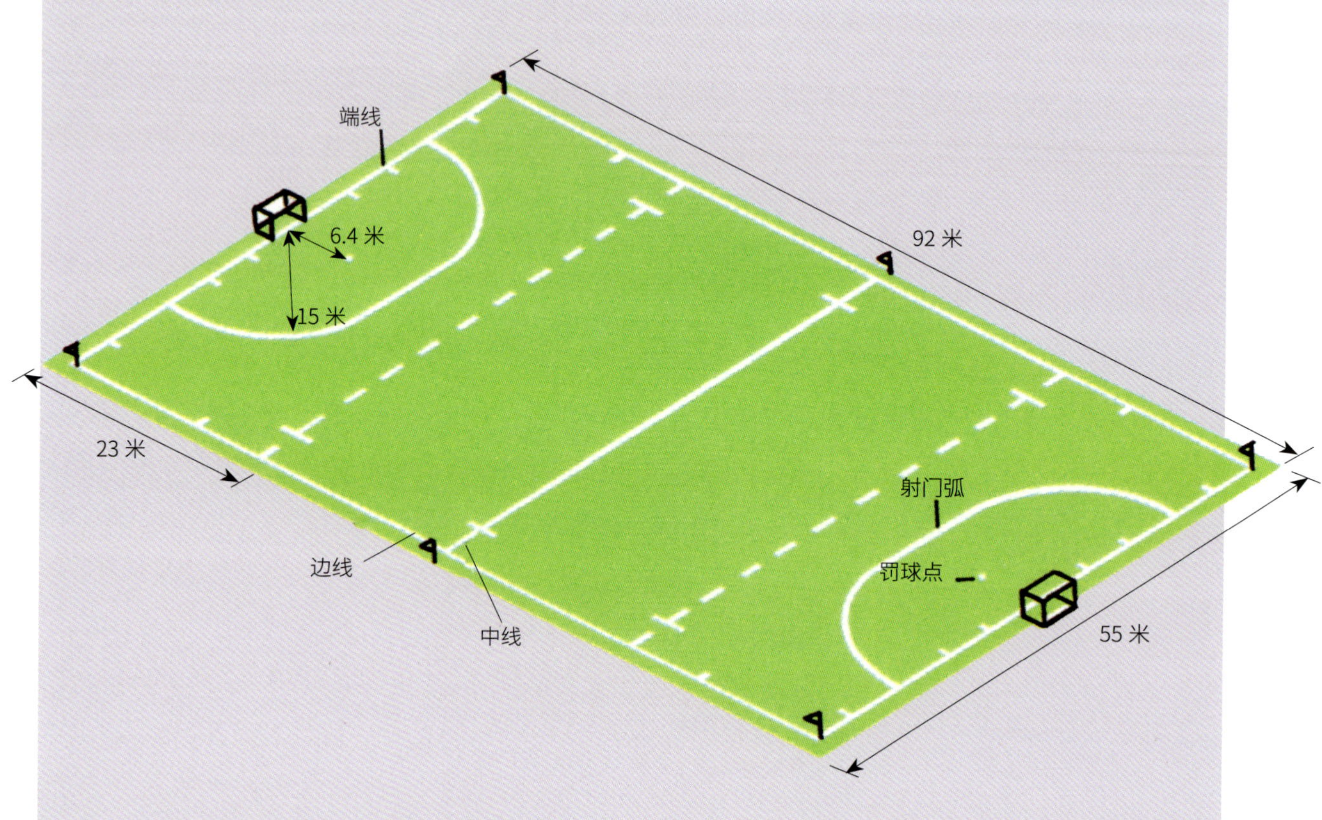

你知道吗？

简化曲棍球

苏格兰高地的抛杆赛非常有名，但是他们的曲棍球球棍却小巧得多，他们的曲棍球运动被称为简化曲棍球。简化曲棍球与普通曲棍球运动类似，不过简化曲棍球每队有 12 名队员，全场比赛时间为 90 分钟。有时候，你可以用球棍去钩对手的球棍，但如果对手并不在击球距离内，你就会因为钩球阻拦而犯规。简化曲棍球会举行一年一度的杯赛。

从 1928 年到 1968 年，印度和巴基斯坦包揽了奥运会上全部男子曲棍球项目的冠军。后来，其他参赛国家也相继夺得了冠军，例如在 1988 年，英国队终于实现了这个梦想。1988 年，奥运会增加了女子曲棍球项目。曲棍球运动的官方组织——国际曲棍球联合会（FIH）负责举办四年一度的世界杯赛。曲棍球的俱乐部级比赛也十分兴盛。

曲棍球比赛中每方有 11 名队员，比赛分为上下两个半场，各 35 分钟。比赛以用球棍将球击入对方球门来得分。比赛规则同足球相似。在

各种曲棍球运动

有很多运动需要使用球棍。自公元前 1829 年起，古老的爱尔兰曲棍球运动就一直在爱尔兰地区延续。19 世纪，法国殖民者借鉴了北美印第安人的一种运动，发展出了长曲棍球运动。另外，还有现代曲棍球的鼻祖——来自苏格兰高地的简化曲棍球运动。

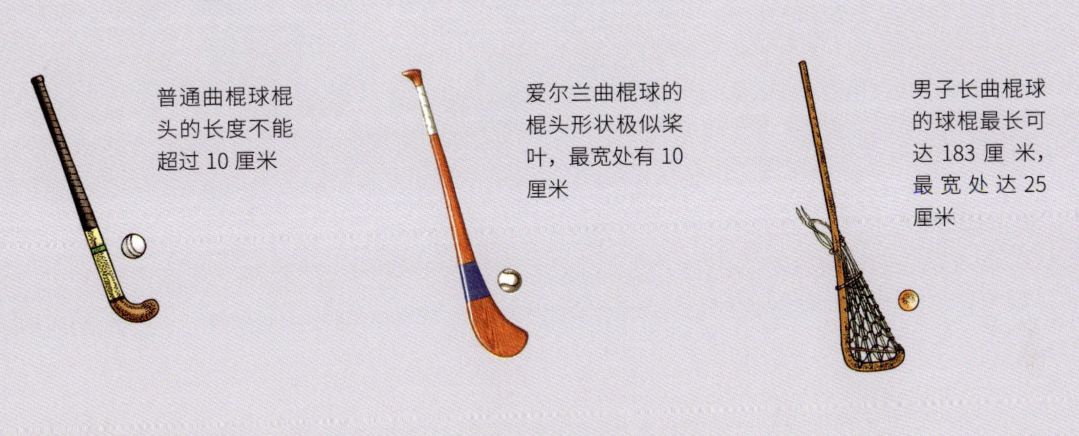

普通曲棍球棍头的长度不能超过 10 厘米

爱尔兰曲棍球的棍头形状极似桨叶，最宽处有 10 厘米

男子长曲棍球的球棍最长可达 183 厘米，最宽处达 25 厘米

图为防守队员冲出去拦截对方的一个近角球。现在，射手可以是特定的运动员。英国球员卡鲁姆·吉尔斯只有在罚角球时才会上场，罚完后就立刻被替换下场，等待下一次表现机会。这就是没有换人次数限制的好处！

足球比赛中，有角球、点球、任意球和边线球等，曲棍球比赛中也有相似的概念，如远角球、近角球、点球、任意球和边线球等。和足球运动员一样，曲棍球运动员也不允许阻挡对方队员前去抢球（阻拦）或者越位，但是如果队员位于本方半场内，

长曲棍球

长曲棍球运动员使用带网的球棍运球，并努力将球射入高和宽均为 1.83 米的球门中。长曲棍球有两种不同的规则。女子长曲棍球每队 12 人，动作文雅，禁止身体接触，只有守门员戴着厚重的防护用具；男子曲棍球每队 10 人，动作粗野，运动员们都戴着头盔和面罩，而且常用肩部去撞击对手。男子有世界锦标赛，女子有世界杯比赛，二者的冠军都主要是美国队。图为美国男子队在 1994 年的决赛中与澳大利亚队对战，并最终击败了他们。

或者仅仅处于越位的位置上而没有试图从中获得利益，那么裁判员就不会判越位。

当然，曲棍球和足球之间也存在一些重大差异。比如，足球运动员踢球肯定是要用脚的，但是对于曲棍球运动员，用脚踢球则是违规的，即使无意中脚碰到了球也是不允许的。如果比赛不是因为球员犯规而暂停—例如球员意外受伤，双方则采用争球的方法继续比赛。两名运动员在球旁摆好架势，用棍头交替接触地面和对方球棍 3 次后，任何一方都可以用棍头拨球使之进入正式比赛。如果防守队员在射门区内无意犯规，或者在本方 23 米线内故意犯规，裁判将会判给对方一个近角球。进攻方的一名队员站在端线上距离球门柱至少 9 米远处将球打回，他的另一名队友将球停住，第三名队友再将球击出。

冰球

人们喜欢把一些运动变成滑稽好玩的游戏，例如沙滩排球、乒乓球和冰球。

冰球这项运动来源于加拿大，至今仍然是一项全国性的运动。英国军队也曾声称自己是冰球的发明者。当年英国军队的军官们不满足于仅仅让台球成为一项世界性的游戏，1860 年，他们开始在北美洲的安大略湖上玩冰球。还有一些人用文件来证明是自己发明了冰球。1879 年，加拿大蒙特利尔的麦吉尔大学的学生们，为冰球制定了一些规则，尽管当时他们使用的还是方形的“球”，而且这种球富有弹性，变幻莫测。

1908 年，国际冰球协会（IIHF）成立。在 1920 年的夏季奥运会上，冰球比赛成为一大特色。从 1924 年开始，它成为冬季奥运会的比赛项目。许多国家都有职业联队，但最有名的是北美地区的国家冰球联盟。在这儿，人们称冰球为“冻球”，根本就不使用“冰”字。国家冰球联盟在 1917 年成立于加拿大蒙特利尔，当时，它拥有的四支球队全部来自加拿大。今天，在它拥有的

美国佛罗里达黑豹队的耶西·贝朗奇，正试图将球打进华盛顿大都会队的球门里。

▲ 球场中心一旦开球，比赛就开始了。图中裁判在两队的球员之间把球扔下后迅速跑开，比赛开始了。

众多球队中，大多数球队都来自美国。国家冰球联盟有四个分区，每年，各分区冠军之间会进行决赛，其中的两名优胜者再参加最后的决赛，争夺“斯坦利杯”。

欧洲人一直都在业余冰球比赛方面占优势。苏联曾经一度在奥运会的冰球比赛中屡夺金牌，并且卫冕每年的世界锦标赛冠军。后来在20世纪70年代，国家冰球联盟开始雇佣苏联和捷克的冰球明星。在20世纪90年代，国家冰球联盟中的运动员，大约有60%是加拿大人，20%来自欧洲，20%来自美国。冰球运动顶尖的国家有：加拿大、瑞典、俄罗斯、芬兰、美国、斯洛伐克等。

你知道吗？

冰球运动

让我们来看一看运动项目的“进化史”吧。冰球起源于18世纪，最初是在天然的户外冰场上进行。它和今天的曲棍球运动非常相似，每一支球队都有11名球员，球员们挥舞着钩形的球棍。不过，他们当时使用的是圆形球，而非今天这种用橡皮制作的像圆盘一样的冰球。

19世纪时，这种冰球运动在英国很受欢迎。当时，顶尖的球队被人们称为“诺丁山森林队”和“冰球俱乐部”。后来，冰球运动成了全球变暖的牺牲品。英国的冬天越来越暖和，冰球运动便从英国转移到了东欧和波罗的海地区。今天，俄罗斯和瑞典都是玩冰球运动的强国，它们经常在比赛中获得世界冠军。

冰球场上的危险

冰球是一项比较危险的运动。玩冰球的人都勇敢坚强，富于冒险。他们甚至不怕冰块碾伤自己的脚趾！他们手中的规则仅仅是一种警告而已。在冰球比赛的规则中，有许多种冒险的犯规行为：跪着击球、用肘击球、把球举过肩、钩球、砍球、用杆戳球、碰撞以及激烈的争吵等。除了争吵，在冰球场的周围还会有可怕的敲砸声，因为观众们会忍不住冲向纤维玻璃的护栏。在很多时候冰球比赛场上都可能出现拳脚斗殴。制止球员们互相打斗最通常的办法就是关掉灯光，这样他们谁也看不见谁了。

裁判员会将违规者送到受罚席上。根据犯规程度的轻重，他们必须在球场外待上 2 分钟、5 分钟，或者 10 分钟。不过在许多情况中，违规球员都没有必要离开球场，替补球员暂时代替他们的位置。如果进攻的一方在对方只有守门员的情况下击球，那就会犯规，裁判就将判罚点球——不过，接受罚球的一方要从中心点开始运球。

0℃下的英雄们

每支冰球队有 6 名球员，比赛时间为一个小时，共分三场。每一队都要争取比另一队多进球——他们要将一只冰球打进对方的球网中。在射门时，球员必须用球棍击球；其他时候，他们可以踢球，或者也可以用手拍球。他们的冰鞋有很高的护踝；不允许快速滑冰，因为他们冰鞋上的刀刃锐利，很危险。同时还需要护垫，守门员戴着厚厚的手套和护腿，还有坚固的护目镜。

球员必须带球滑行（运球），传球，或者射门。他们用各种方式击球——猛烈的击射、柔和的推传、高击、弹传。他们不能在自己的半场内将球击过对方的球门线，这被称为死球；他们还必须避免越位。如果你在比赛中越位，那就意味着你比球更先进入攻击区。冰球是节奏极快的团队运动，球的移动速度可以达到 160 千米 / 时。一名裁判、两名巡边员、两名球门裁判努力跟踪球的走向。如果巡边员判断球员越位或击了死球，那么就要暂停比赛，在违规一方的防守区内重新开球。球门裁判在球门后盯着球，判断球是否进入球网。

冰球场

冰球运动通常在室内冰球场上举行。图中的蓝线将球场分成了三个区域。中心区域是中立区，两边是“端区”（球门区）——也就是说，两支球队各有一个防守区和进攻区。球场周围是高高的木制或塑料护栏，防止球飞离球场，砸到四周的观众。

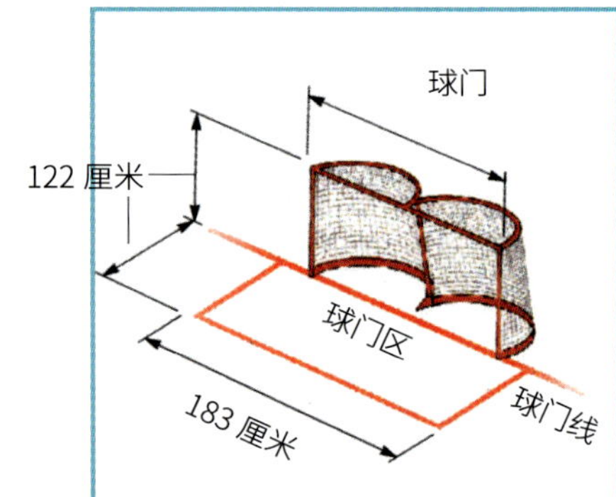

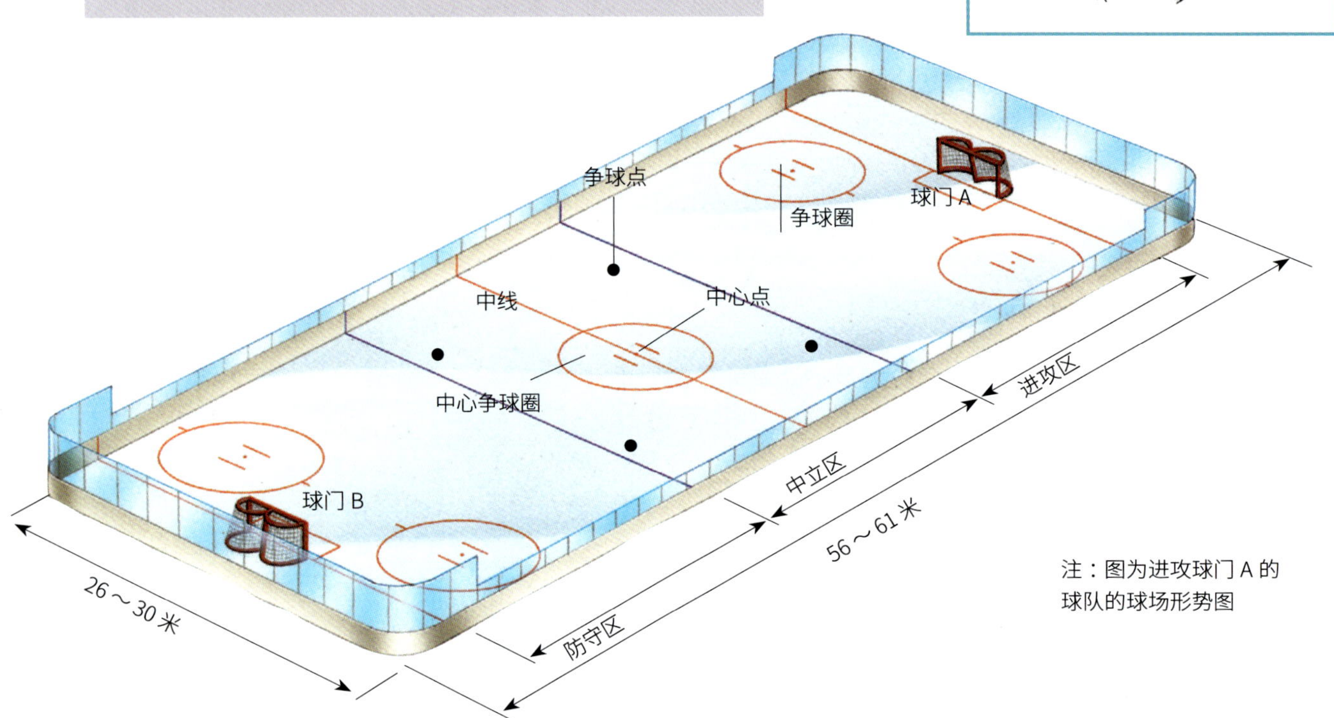

注：图为进攻球门 A 的球队的球场形势图

奥运会

2008 年，第 29 届奥林匹克运动会在北京举行。这对北京和中国都是一件大事。

2008 年，北京迎来了一场不同寻常的盛会——奥林匹克运动会。有来自 200 多个国家和地区的运动员参加了此次盛会，同时有几十亿人在现场、网上或电视机前观看开幕式、比赛和闭幕式。从 1896 年发展到今天，现代奥运会经历了漫长的岁月。不过，最早的奥运会可以追溯到公元前 776 年。

▲ 2008 年北京奥运会主体育场被设计成了鸟巢的形状。设计者用看起来像树枝一样的钢网，把一个可容纳 10 万人的体育场编织成了一个令人备感温暖的鸟巢形状。整个建筑都通过这种巨型网状结构联络，内部没有一根立柱。看台是一个完整的碗状造型，如同一个巨大的容器。

◀ 在 2004 年雅典奥运会上，中国跨栏选手刘翔在男子 110 米栏决赛中夺得金牌，并以 12.91 秒的成绩打破了奥运纪录，追平了英国名将科林·杰克逊在 1993 年斯图加特世锦赛上创造的世界纪录。刘翔是第一位在奥运会上获得金牌的中国男子田径运动员。

奥运会举办地

古希腊人总是在同一个地方举办奥林匹克运动会，但是现在，我们更喜欢到世界各地去转转！下面列举的是历届奥运会的举办地。

夏季奥运会

1896 年——希腊雅典
1900 年——法国巴黎
1904 年——美国圣路易斯
1908 年——英国伦敦
1912 年——瑞典斯德哥尔摩
1920 年——比利时安特卫普
1924 年——法国巴黎
1928 年——荷兰阿姆斯特丹
1932 年——美国洛杉矶
1936 年——德国柏林
1948 年——英国伦敦
1952 年——芬兰赫尔辛基
1956 年——澳大利亚墨尔本
1960 年——意大利罗马
1964 年——日本东京
1968 年——墨西哥墨西哥城
1972 年——德国慕尼黑
1976 年——加拿大蒙特利尔
1980 年——苏联莫斯科
1984 年——美国洛杉矶
1988 年——韩国汉城（今首尔）
1992 年——西班牙巴塞罗那
1996 年——美国亚特兰大
2000 年——澳大利亚悉尼
2004 年——希腊雅典
2008 年——中国北京
2012 年——英国伦敦
2016 年——巴西里约热内卢
2020 年——日本东京
2024 年——法国巴黎
2028 年——美国洛杉矶

▲ 自 1928 年以来，每个东道主城市都会在奥林匹克体育馆里点燃焰火；从 1936 年开始，焰火就由一把火炬点燃。火炬是由火炬接力手从古代奥林匹亚遗址传递过来的。图中是 2008 年北京奥运会上，著名运动员李宁正在威亚的帮助下，沿着高空场馆壁奋力奔跑，点燃奥运会火炬。

冬季奥运会

1924 年——法国夏慕尼
1928 年——瑞士圣莫里茨
1932 年——美国普莱西德湖
1936 年——德国加米施－帕滕基兴
1948 年——瑞士圣莫里茨
1952 年——挪威奥斯陆
1956 年——意大利科尔蒂纳丹佩佐
1960 年——美国斯阔谷
1964 年——奥地利因斯布鲁克
1968 年——法国格勒诺布尔
1972 年——日本札幌
1976 年——奥地利因斯布鲁克
1980 年——美国普莱西德湖
1984 年——南斯拉夫萨拉热窝
1988 年——加拿大卡尔加里
1992 年——法国阿尔贝维尔
1994 年——挪威利勒哈默尔
1998 年——日本长野
2002 年——美国盐湖城
2006 年——意大利都灵
2010 年——加拿大温哥华
2014 年——俄罗斯索契
2018 年——韩国平昌
2022 年——中国北京／张家口
2026 年——意大利米兰／科尔蒂纳丹佩佐

▲ 图中是 1896 年雅典奥运会上的场景，这是现代第一座大型体育场。那时的女人们穿着精美的花边裙子，男人们穿着衣领硬挺的衣服，而不是现在的合成纤维运动服。

金牌能手

在 2008 北京奥运会上，中国以 51 枚金牌位居金牌榜之首；美国以 36 枚金牌名列第二；俄罗斯获得了 23 枚金牌，排在第三名。在往届奥运会中，这几个国家也一直是金牌大国。

美国的游泳运动员迈克尔・菲尔普斯是奥运会获得金牌数量最多的选手，2004—2016 年的四届奥运会中，共获得 23 枚金牌。美国运动员雷・尤瑞是奥运会田赛项目上获得金牌数最多的运动员。1900—1908 年，他在立定跳远项目中赢得了 10 枚金牌。1996 年，美国田径运动员卡尔・刘易斯在亚特兰大获得了他的第 9 枚金牌。在女子项目中，苏联体操运动员拉里萨・拉蒂尼娜在 1956—1964 年赢得了 9 枚金牌。

◀ 在奥运会中，有来自世界各地的上万名媒体工作者聚集在大型工作室，通过电脑向各国电视台发送赛事的最新消息。

奥运会组织机构

奥运会中只有一群满头大汗的运动明星？不，别忘了，还有奥委会呢！参赛国的国家奥委会（NOC）负责组织运动员去主办国参加奥运会。每个运动项目都有一个国际管理机构，他们制定比赛规则，并审查报名者的参赛资格。例如，国际田联（IAAF）就是一个著名的国际管理机构。

奥运会中权力最大的机构是国际奥委会（IOC）。国际奥委会的委员是通过选举产生的，委员的数目是不固定的。委员只代表个人，不代表国家。现任国际奥委会主席是德国人托马斯·巴赫。国际奥委会的重要工作之一是挑选举办夏季奥运会和冬季奥运会的东道主。国际奥委会并不组织运动会，主办国的奥组委才是比赛组织者。主办国可以从国际奥委会的电视转播利润中得到一部分资金。国际奥委会也为各国的国家奥委会和残疾人奥运会提供一些资金。

▲ 美国运动员迈克尔·约翰逊在1996年亚特兰大奥运会上包揽了400米短跑和200米短跑的金牌，并在200米项目中创造了当时19.32秒的世界纪录。

古希腊人在西海岸的奥林匹亚举办运动会，他们把运动会献给众神之王——宙斯。很多参赛者都来自遥远的地方，因此希腊特意颁布了一个休战协定，以便参赛者能够轻松穿越战争地区。径赛是在一个有4万个座位的体育场里举行的。赛事包括重甲步兵赛跑，在这项比赛中，参赛选手穿着沉重的铠甲赛跑。当时还有战车比赛。而在拳击运动中，打死对手的选手会被裁定为获胜者，并被授予橄榄枝花环。希腊人像尊重运动员一样高度重视音乐家，所以他们还举办了奥林匹克喇叭比赛！一些古老的运动项目，比如投掷项目、跳远项目、搏击项目和长跑项目一直延续到今天。公元前146年之后，希腊被罗马控制了，奥运会逐渐走向衰落。罗马皇帝狄奥多西一世于393年取消了奥运比赛——作为一名虔诚的天主教徒，他认为这项比赛是一场异教徒的盛会。几百年之后，奥林匹亚变成了一片废墟。

19世纪70年代，德国考古学家从废墟之中找到了奥林匹亚遗址，并使之重见天日。这使人们重新燃起了对这种古老运动会的兴趣。法国的皮埃尔·德·顾拜旦男爵认为，他所处的时代也需要这样一种友好的比赛来促进国与国之间的交流。1894年，这个法国人召集了一群贵族、将军和商人，组成了国际奥林匹克委员会（IOC），简称国际奥委会。他们于1896年在奥运会的故乡希腊举办了第一届现代奥林匹克运动会，但具体的地点不是奥林匹亚，而是希腊的首都雅典。

最初，现代奥运会中有四项赛事——田赛、击剑、游泳和体操，但所有项目都只有男性参

◀ 国际奥委会会旗，也就是著名的奥运五环旗，是由顾拜旦男爵设计的。蓝、黄、黑、绿、红五环代表以奥林匹克精神参赛的五大洲。此外，旗帜上的六种颜色（包括白的底色）包含了世界各国的国旗颜色，如黄色和蓝色代表瑞典，红色和黄色代表中国。这是一种国际性的标志。

▲ 许海峰，在第 23 届奥运会上获得男子手枪 60 发慢射冠军，成为当届奥运会首枚金牌得主，也是中国奥运会历史上的首位冠军得主，打破了中国奥运史上金牌“零”的纪录。

▲ 乒乓球一直是中国队的强项。在 2004 年雅典奥运会上，张怡宁赢得了乒乓球女子单打项目的金牌，这也是中国奥运代表团自 1984 年重返夏季奥运会后夺得的第 100 枚金牌。

加，直到 1900 年的巴黎奥运会，女性才被允许参赛。1924 年，冬季奥运会出现了，这样人们就可以进行滑雪、滑冰比赛了。冬季奥运会和夏季奥运会不在同一个国家举办。现在，它们甚至不在同一年举办，而是交替进行。

今天的奥运会

20 世纪是奥林匹克运动会的发展时期，在这 100 年里，越来越多的运动项目、国家和运动员加入进来。现在，一个奥运会的东道主城市要为奥运会专门建造许多新的设施——宾馆、公路、公交系统、比赛场地等。1976 年的奥运会几乎使主办城市加拿大蒙特利尔破产——这个城市欠下了大约 14 亿美元的债务！ 1996 年的亚特兰大奥运会使用了 31 个比赛场地——有一些是

残奥会

在 1948 年伦敦夏季奥运会期间，一些在第二次世界大战中负伤的退伍军人在医院里举行了他们自己的“奥运会”。后来，这发展成为残疾人奥运会，简称残奥会。1988 年起，夏季奥运会和冬季奥运会的残疾人比赛项目被列为永久性项目；申办奥运会的城市必须同时申办残奥会；奥运会后一个月内，在奥运会举办城市的奥运场地举办残奥会。图中，珍妮特·简森正在 1992 年的巴塞罗那残奥会上奋力前进。

新建的，有一些是从大学和专业运动场租用的，但需要改造才能使用。每一届奥运会都需要建一个奥运村，供参赛者居住。

20 世纪 80 年代以后，国际奥委会将奥运会变成了“赚钱机器”。首先，他们把奥运会变成了全明星比赛。从前，奥运会一直是业余选手参加的比赛。1981 年，经过投票，国际奥委会决定允许专业选手参加奥运会。其次，国际奥委会可以通过出售电视转播权、奥运会纪念品以及奥运五环旗而获利。奥运五环旗是由顾拜旦设计的，在每个国家的国旗上，都至少可以找到这五种颜色以及背景的白色中的一种。奥委会还通过出售广告赞助获得了高额利润。1996 年，大大小小的公司付出了总数大约为 27.5 亿美元的资金，以使他们的产品同亚特兰大奥运会搭上关系。可口可乐公司花费了几亿美元，才成为 2000 年悉尼奥运会的官方指定饮料。

电视媒体在一定程度上改变了奥运会。电视台希望赛事举行的时间适合观众收看。如果一项赛事无法吸引观众，电视台就不会转播，即使这项比赛是重要赛事。比方说，各个国家的电视台都很愿意转播网球比赛，而中国选手擅长的跳水、乒乓球项目在中国的电视台总是享有优先转播权。

田赛

在体育赛场上，身材高挑结实的跳高运动员和体形魁梧、肌肉发达的投掷运动员，都是我们熟悉的。虽然他们看上去不相似，但他们都是在田赛运动中展开角逐。他们都要使出全身的爆发力，尽可能远地跳跃和投掷，争取创造比以往更好的成绩，打破纪录。

田赛运动是在跑道内和跑道四周进行的跳跃与投掷比赛项目。跳跃项目有四项：跳远、跳高、三级跳和撑竿跳。投掷项目也有四项：铅球、铁饼、标枪和链球。在大多数跳跃和投掷项目中，都要求运动员用速度去拼。投掷运动员靠负重训练和高蛋白饮食来增强体能。他们先要练习好几个高难度的技巧，然后，在比赛中将它们融会贯通地发挥出来。

跳跃运动

有一些体育项目最大的竞争是在那些能跳 9 米远或 2.5 米高的运动员之间进行的。跳跃比赛通常都很激烈，在跳高和撑竿跳中，横竿被不断升高，以考验竞赛选手的技艺。

▶ 绰号“鸟人”的乌克兰著名撑竿跳运动员谢尔盖·布勃卡，被誉为近代最出色的运动员之一。他是男子撑竿跳室外世界纪录保持者，是第一位跳过 6 米的运动员，1994 年创下的男子撑竿跳室外世界纪录为 6.14 米。

跳远：这个运动项目有一条45米长的跑道、一块起跳踏板和一块着陆沙地。比赛选手顺着跑道助跑，但不能越过起跳踏板。在紧靠沙地一侧的跳板边缘有橡皮条，如果运动员在上面留下脚印，那么此次跳远无效。在腾空时，一些运动员会把双脚朝后摆，另一些运动员在半空中时，双脚仍然做出向前跑的动作。落地时，他们奋力将双脚朝前伸出，以达到最远的距离。

▲ 美国选手迈克·鲍威尔在1991年的世锦赛上，以8.95米的成绩，打破了跳远的世界纪录。

三级跳：该项目在跳远场地举行，但是起跳踏板被摆放到距离沙地更远的位置。三级跳运动员靠“单脚跳”“踏步”以及“腾空跳”跃入沙地，尽可能地跳出最远的距离。

跳高：竞赛者们先在一块扇形场地上完成长达25米的助跑。他们轮流起跳，越过一条横竿。他们通常都是靠一只脚来完成起跳，然后降落在一块厚厚的塞满泡沫塑料的垫子上。一些运动员用跨骑式（腹部朝下）越过横竿，但现在大多数运动员都用福斯贝利式（也称“背越式”，在空中转身、背部朝下，如弓形一般）越过横竿。

撑竿跳：撑竿跳运动员手执一根长而灵活的玻璃纤维竿子，在40米的跑道上完成助跑，并将竿子的末端插入一个被嵌入地下的金属盒内，然后将竿子弯曲，并借助反弹力，将自己弹向一根高高的横竿。横竿的高度可设置为6米或者更高，因此在它旁边会有一块厚实柔软的落地垫子来承受运动员的下落。

三级跳

在正式比赛中，三级跳远的规定形式是：先单脚跳，起跳腿落地以后再跨步跳，当腿第二次落地以后再次跳跃，最后双脚落于沙坑。

撑竿跳运动员在比赛中使用的是自己的撑竿，但对撑竿的大小或重量并没有规定。运动员起跳后，他们不能靠用上面的那只手来攀爬撑竿，如果竿子折断，他们将会获准再跳一次。

投掷运动

在田赛运动中，投掷的都是重而危险的物体。因此，在投掷物的落地区域，都用绳子隔开以防观众受伤。铁饼和链球运动员在安全网内完成投掷，以此保护绳子以外的区域。

铅球和链球从一块直径为 2.135 米的圆形预投区内掷出，铁饼从一块直径为 2.5 米的圆形预投区内掷出。在投掷过程中，投掷者不能触及圆形区域以外的地方。投掷铅球时，在圆形预投区前方有一块拦截板，防止运动员越过外侧线。

在不同的田赛项目中，用的力量是不

▲ 美国选手杰克·乔尔娜·凯尔希采用的是福斯贝利式跳高技术，该技术是迪克·福斯贝利发明的。她当时角逐的是七项全能项目，这是专为女子设立的比赛项目。

你知道吗？

完美的结果

如果单项田赛项目听上去就像一份苦差，那么想象一下在男子十项全能运动中的选手所要面对的项目吧。这些项目包括 100 米、400 米、1500 米跑和 110 米栏 4 项径赛运动以及跳远、跳高、撑竿跳、铅球、铁饼和标枪 6 项田赛运动。不过，优秀的铅球选手在跳高项目中就有些力不从心了。

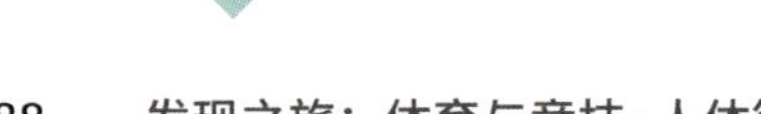

▲ 在 2012 年伦敦奥运会女子标枪决赛中，中国选手吕会会以 63 米 70 的成绩获得第 5 名，这是中国女子标枪选手在近三届奥运会上取得的最好成绩。

一样的。

标枪：这是一种投掷用的矛，枪杆用木头或金属制成。在男子项目中，标枪长 2.6 ~ 2.7 米，重量至少 800 克。在女子项目中，标枪长 2.2 ~ 2.3 米，重量至少 600 克。竞赛者们靠助跑来提高速度，在跑道尽头的弓形线前，他们会猛然将一只脚前伸，并使身体后倾，然后将标枪举过肩或上臂，向前奋力掷出，而且一定要保证标枪的头部首先落地，否则会被判违例。

铅球：铅球用铁或黄铜做成，男子的铅球重达 7.26 千克，女子的铅球重达 4 千克。竞赛者们用一只手托住铅球，然后将铅球朝前推出。铅球不能越过双肩所在的横线。多数运动员采用奥布赖恩式投掷，开始时站在圆形预投区后部，面朝后，然后迅速移身到前面的拦截板前，扭身，并将铅球朝前掷出。巴勒什宁科夫式的投掷方法要求运动员的身体旋转幅度更大。

铁饼：铁饼是木制或塑制的，有金属套边儿，呈扁圆形。男子铁饼重 2 千克，女子铁饼重 1 千克。这项运动的预投区域比其他投掷项目的要大一些，因为选手们要在区内旋转，他们从后部区域到前面要旋转 1 圈半，然后才将铁饼向外掷出。铁饼在空中必须呈水平状态，否则就不会落到足够远的地方。

链球：这是一个金属球，悬系在一根 1.2 米长的链子的一端上，和铅球的重量相同。抛掷链

◀ 萨尔瓦多选手杰姆·科曼达利在投掷前将铅球夹在自己的脖子下。他面朝预投区的后侧，他的前侧是拦截板。当他转身将铅球朝前掷出时，脚就会碰撞到这块板子。铅球选手在手上涂抹一些白垩粉（镁粉），以使自己能够将球拿得更紧。

▲ 链球可以说是一种极其危险的投掷物。白俄罗斯选手伊格尔·阿斯塔普科维奇四周的安全网的抗冲击力达到130千克。

球所需的力量很大，所以选手四周的安全网是铁饼选手所用安全网的强度的三倍。投掷前，链球选手旋转四圈，将链球挥舞起来。所有链球选手的步法都很独特，他们将一只脚后跟承受的身体重力转移到另一只脚承受的链球重力上。旋转的角度使投掷产生向上的冲力，然后链球就会越过选手双肩，飞出预投区。

在竞赛中

大多数田赛运动项目都允许选手有三至六次试跳或试投，以达到最好的成绩。跳高选手和撑竿跳选手的试跳还要多几次，但他们在每三次试跳中，至少要有一次越过横竿，这样才能继

古代的运动员

跳跃和投掷项目可以追溯到几千年以前。大约在公元前 776 年，古希腊人举办了第一届古代奥林匹克运动会。年轻的男选手参加铁饼和标枪比赛，而那时的跳远项目包括从站立在起跳点开始的一连串跳跃动作。

续比赛。在跳远、三级跳和投掷项目中，裁判员测量从起跳板（投掷线）到选手（器械）落地留下的第一个标记之间的距离。在某些项目中，他们举白旗表示试跳或试投成功，在动作犯规时举红旗，表示试跳或试投成绩将不予承认。

大开眼界

一跳的奇迹

1968 年的墨西哥奥运会是在高海拔地区举行的。美国跳远选手鲍勃·比蒙创下了一项世界纪录，并将其维持了 23 年之久，那就是他那 8.90 米的精彩一跳。他此后却再也跳不出接近这个距离的成绩了。该项纪录最后在 1991 年被麦克·鲍威尔打破。

▶ 德国选手伊克·维露达朝铁饼预投区的前侧旋转。大多数选手用的都是同一种技巧。开始时，他们面向预投区后侧，手持铁饼来回摆动，以做好准备。

径赛

我们奔跑的速度有时并不比优秀运动员慢多少。可是，在径赛运动里，一个瞬间都会决定胜负。

室外径赛项目通常在一个400米的椭圆跑道上进行，室内跑道一般会短一些，如200米。在这些跑道上，可以举办100米或200米短跑，也可以组织800米或1500米中跑。

短跑运动

100米的短跑运动员通常被称为是世界上跑得最快的人。起跑前，他们要使身体前倾，以获得强大的爆发力。起跑时，他们的步幅必须最大，挺身抬膝，一边放松身体，一边使脚步轻盈，并保持节奏。

200米的短跑运动员最先会保留一些体力，然后逐渐加速，并保持一种有节奏的步伐。在弯曲的跑道上，离心力对他们会产生向外拉动的作用力，他们这时会使身体向内圈倾斜，来抵消这种离心力。

◀ 1954年在牛津，英国选手罗杰·班尼斯特打破了4分钟障碍赛的纪录，在当时，这真是一个令人激动的时刻。

400 米的短跑，通常是室外跑道的一圈。在 400 米短跑中，运动员跑得越快越好、步伐越大越好。事实上，运动员在跑动中会保持固定步幅。如果起跑太快，就可能会太累而无法顺利跑完全程。

中跑运动

中跑运动要讲究策略。它无须疾跑冲刺，不过跑在前面的运动员可以使整场赛跑的速度变得更快。在中跑过程中，优秀的选手会紧跟在领跑者后面，这样可以避免空气阻力，但其他的选手有可能会从中间插入，阻挡他们冲刺。跑 800 米的选手会在跑完第一个弯道后开始并道，但更长距离的赛跑则无须分道。大多数跑 1500 米的运动员会以均匀的节奏跑完 3 圈，最后快速跑完剩下的 300 米。他们需要具备能使其快速奔跑的肌肉力量、大量氧气以及聪明的比赛策略。

美国选手盖尔·德维斯在 100 米短跑中迈开大步，用有力的双腿和上臂带动全身朝前冲刺。她的体型与那些长跑运动员有很大差别。

大开眼界

国际田径联合会（IAAF）

国际田径联合会简称国际田联。1912 年 7 月 17 日，来自 17 个国家的田径联合会代表在瑞典首都斯德哥尔摩召开第一次代表大会，标志着国际田联成立。其主要职责是：在全球开展田径运动，制定比赛规则及世界纪录标准化工作，促进各会员国之间的良好关系，反对种族、宗教和政治等歧视，保证运动员按照其制定的章程和规则参赛。国际田联于 1993 年起将总部设在摩纳哥。

▲ 就算发令枪能射出真的子弹，但要找到比这些100米短跑选手更快的起跑也是困难的。如果有选手在发令枪响之前就起跑，计算机会将这名选手识别出来并判其犯规。

▲ 100米是最短的户外径赛短跑项目。刷新100米世界纪录通常被称为“世界上跑得最快的人”。目前男子100米世界纪录保持者是牙买加人乌塞恩·博尔特，他在2009年8月16日世界田径锦标赛上创造了9.58秒的惊人成绩。他还先后在2008年北京奥运会和2012年伦敦奥运会分别跑出9.69秒和9.63秒的成绩，成为名副其实的“世界飞人”。

长跑运动

保持体力（耐力）是5000米以及1万米这些长跑项目的关键所在。1万米跑大约需要半小时，大多数时候都是匀速跑，不过速度仍有助于运动员赢得比赛。

跨栏和障碍赛

跨栏的高度可以调整。男子通常进行的是110米（栏高106.7厘米）的跨栏比赛，而女子进行的是100米（栏高84厘米）跨栏比赛。

400米的跨栏不会太费劲，因为障碍物不会设置得太高（男子的跨栏高度为91.4厘米，女子的跨栏高度为76.2厘米）。

3000米的障碍赛以前主要由男子参加，女子障碍赛开展较晚，2008年奥运会才首次被列为正式比赛项目。在比赛中，有四道按标准设置的木质障碍物，另外还有一道障碍水池，被设置在椭圆形跑道的内侧或外侧。

露天跑道

现代跑道都是复合路面——路基是沥青的，然后在上面铺一层橡胶。图上的这 8 条跑道，每一条都有 1.22 米宽。

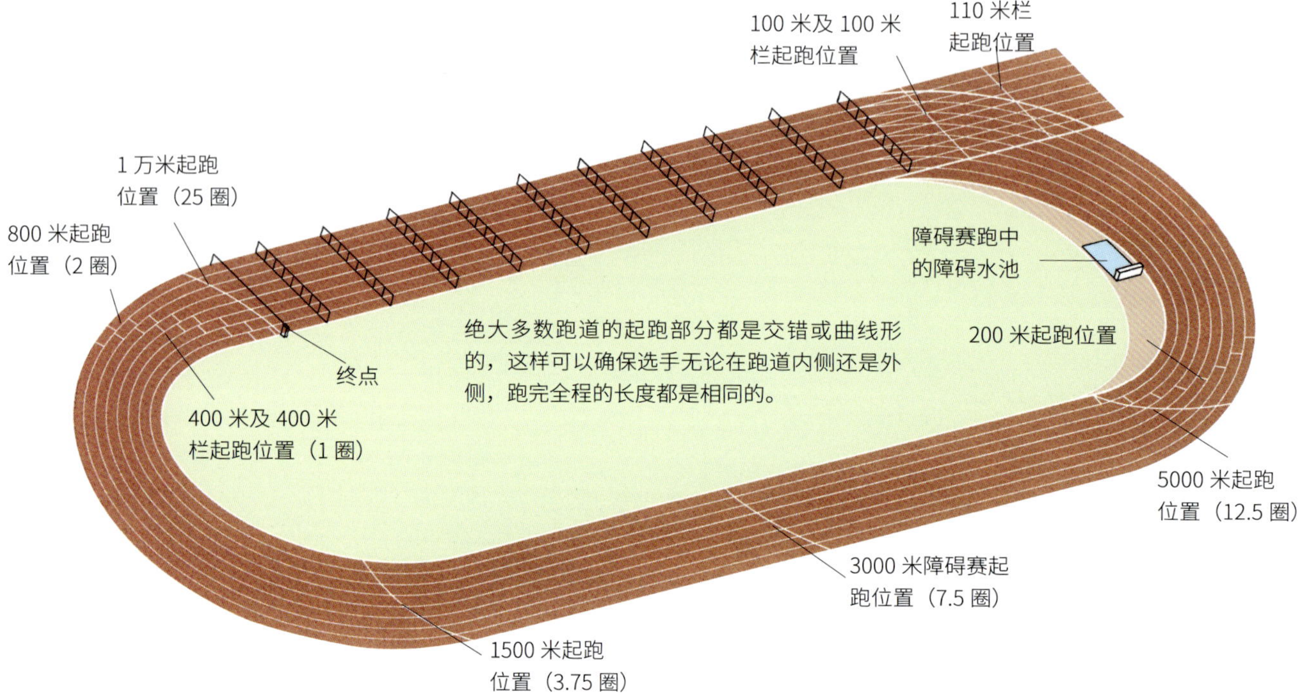

接力赛

每队都有 4 名接力队员，各跑赛程中的一段（一棒）。在 4×100 米接力赛中，每队的队员都会沿着各自的跑道朝前跑，并在交接区内传递接力棒。

4×400 米接力赛的团队在第一棒时沿各自的跑道奔跑，在跑过第一个弯道的第二棒时就可以开始并道。第三棒和第四棒选手在公共区间奔跑，并进行接力棒的交接。在比赛中，接力赛总是最紧张刺激的压轴戏。

▲ 正当你调整好跑步姿势时，有人过来把 10 块跨栏放在你前面，你会怎样？英国选手科林·杰克逊有着高超的跨栏技术，这使他的短跑冲刺连贯顺畅，几乎不会因跨栏受到什么影响。

▲ 和肯尼亚选手摩西斯·科普塔尼（711号选手）一样，所有障碍赛的选手都要跑过障碍水池，要跑到浅水区都得跳过3米宽的水池。

▲ 中国长跑运动员王军霞在1993年9月北京举行的第7届全运会上，以29分31秒78的成绩打破女子1万米世界纪录，成为世界上第一位突破女子1万米跑“30分钟大关”的运动员。

▲ 在快速奔跑中，100米短跑选手向后摆动双手，使身体向前冲。当一名运动员的上体，包括头部（而不包括四肢）冲过终点线时，这名选手就赢得了比赛。

你知道吗？

完美的结果

埃塞俄比亚长跑运动员肯尼迪·贝克勒，是目前男子1万米世界纪录保持者，成绩为26分17秒53。

▶ 这是1993年世锦赛上4×100米接力赛中的交棒动作。运动员朝上交接力棒会更有把握。但是，达兰·布雷思维特急速前跑并向下交棒，如果林福特·克里斯蒂没接住棒，那么他就不得不停下来捡接力棒。

长跑

在规模宏大的城市马拉松比赛中，所有参赛人员有力的步伐震动着街道。打扮成大猩猩模样的男人与挥舞着麦克风的记者互相推挤着，长跑的过程似乎也不会显得那么孤单了。

为兴趣而参加赛跑的人将长跑当作健身运动的额外组成部分。他们很高兴自己可以战胜如此漫长的距离跑到终点。而那些身体强健的长跑运动员则是真正的竞技型参赛者。他们在公路上奔跑，穿过乡村，翻山越谷，或许还要游过一个偏僻的湖泊。

▲ 每年约有3万人参加纽约马拉松比赛，但布鲁克林大桥能够承受这种压力。1994年，墨西哥的杰曼·西尔文在中央公园拐错了弯，但是很快就追了上来并赢得了比赛。

▲ 2006年北京国际马拉松比赛的选手们，肯尼亚选手基普桑和曼德哥在这次比赛中包揽了冠亚军。

你知道吗？

为报捷而献身

公元前490年，希腊人赢得了马拉松，即马拉松战役的胜利。波斯屈居“第二”。一名希腊兵费迪皮迪兹受命将胜利的消息带回雅典。他跑了38千米，冲进城中，用沙哑的声音高喊了一声“胜利了”，随后就倒地身亡了。后来的马拉松比赛就是为了纪念这名勇敢的希腊士兵而举办的。

公路赛

全长42.195千米的马拉松比赛是顶级的公路赛，也是任何重大的运动赛事中足以让人筋疲力尽的赛项。自1896年现代奥运会开始举办以来，每届奥运会都设立了马拉松比赛。它的起点和终点都是露天的大型体育场——对许多人来说，终点线上那精疲力竭的一幕就是崇高的奥林匹克精神的完美体现。世界上的一些大城市也会各自举办一年一度的马拉松比赛，届时会有成千上万的长跑运动员拥挤到伦敦、纽约、北京、墨尔本等城市的街道上。运动员们也会参加半程马拉松赛跑（21.0975千米），有些运动员可以在超长距离赛跑中跑完两倍于马拉松的赛距。从伦敦至布赖顿结束的英国马拉松比赛全长86千米。而从南非

“撞墙了”

长跑运动员的生活是单调的，他们只能低着头，步履沉重地前进。为了让自己不停前进，他们创造了令人兴奋的行话。马拉松运动员在跑到大约32～34千米时，会说自己累了或者“撞墙了”（到达生理极限）。这样说的原因很简单，因为他们体内的糖原用完了，那是一种能被分解成葡萄糖的多糖，而葡萄糖可以为人体提供能量。糖原耗尽后，身体会从体内存储的脂肪中获取能量，不过这种能量功效相对较低。运动员们会交流自己了解的“撞墙”的故事，并高兴地描述他们的苦恼。许多人都会在赛前提高自己的肝糖水平，就像许多体育教练了解的那样，运动员会补充碳水化合物或者吃意大利实心粉。

德班至彼得马里茨堡结束的著名的克姆雷德马拉松比赛全长超过 87 千米，而且是在南非蜿蜒起伏的公路上进行的。

任何赛距在 20 千米以上的长跑赛事，每隔 5000 米都必须设立一个饮料站，两个饮料站之间可设立水站，并为参赛者提供湿海绵。长跑运动员会因到达体能极限而筋疲力尽，而过度疲劳和身体脱水都会对运动员造成持续性的威胁。

越野跑

最常见的越野跑是男子 12 千米赛跑和女子 6 千米赛跑。跑道设在开阔的乡郊地带，如田野、荒野、公用场地，还可能包括部分耕地。这些跑道都会用篱笆、旗帜或者标杆标示出来。比赛中会出现一些低难度的障碍，毕竟它们原本就存在于自然界中，但会将人造障碍物的数量减至最少。长跑运动员不需要寻找休息站，因为比赛规定不允许他们中途休息。大多数比赛都会同时记录个人与团队的成绩。当个人成绩出来后，就会把在团队中占前三名的队员的成绩相加，总分最高的团队获胜。短距离越野跑是现代五项比赛的五个赛项之一。那些喜欢山地地形的人会选择山地越野跑，山地赛跑者必须经过高点上的检查站，尽管比赛路线是被设计用于测试跑步者的技能而非他们登山的水平。

▲ 在比赛的高潮阶段，也就是在运动员即将到达比赛终点时，这些表情痛苦的运动员会觉得自己很难在不犯规的情况下挪动双腿。

竞走

为什么那些竞走运动员会采用那么特别的走路姿势呢？这项运动的规则要求运动员在竞走的过程中脚部必须始终与地面保持接触，即在前脚跟落地之前，后脚尖不能抬离地面。脚落到地面上时，支撑腿必须伸直。当

▼ 保拉·纽比弗雷泽正在铁人三项比赛中跑步，运动员要在短短数秒内改换装备，因此可能要在比赛全程中始终穿着三项全能的比赛服装。

竞走运动员犯规之后，他们会被出示白旗以示警告。出示红旗意味着第二次犯规并取消比赛资格。运动员会扭动髋部摆动双腿，以使自己能够以每小时 15 千米的速度行走，而不会违反规则。

大多数竞走锦标赛都在公路上进行，包括男子 20 千米和 50 千米竞走、女子 10 千米竞走。这些都是很精彩的比赛，但不如 160 千米竞走或 24 小时耐力赛那样激动人心。

三项全能运动

这些由三个项目组成的赛事是一种全面的耐力测试。游泳、骑车以及跑步都是快速连续进行的。最早出现于夏威夷的三项全能比赛被人们毫不夸张地称为铁人三项比赛。参赛选手要在 8 个小时内游完 3800 米，骑行 180 千米，并跑完全程马拉松。

体操

要是你发现自己挂在一根高杠上摇摆不定，而在你下方，远远地有个教练员一直不停地在指挥你："倒立，接'金格尔'，直体空翻两周下杠！"这简直就是场噩梦！

他嘴里冒出来的这些陌生的术语肯定让你觉得心里有点发虚——不过当然啦，你不是专业体操运动员。中国运动员罗莉肯定知道他在说什么，正是这一连串旋转和空翻动作让她赢得了1994年第29届世界体操锦标赛高低杠冠军。

▲ 在2012年伦敦奥运会女子平衡木决赛中，获得冠军的中国体操小将邓琳琳身轻如燕，腾跃于狭窄的平衡木上。这根横木对她就像另一块地板，只不过稍微窄一点儿。

▼ 哈萨克斯坦运动员在双杠上做了个"托马斯全旋"。相比之下，那些能把一条腿搭在自行车横梁上，就觉得自己够柔韧的男士，在他面前肯定会自愧不如。

体操运动和奥运会一样历史悠久。但3000年前的古希腊运动员从来不用为体育用品发愁，他们全身赤裸地参加投掷、跳远、跑步和摔跤等运动。这种只有男性参加的比赛被称为“gymnos”，在希腊语中是“裸露”的意思。随着古希腊和罗马帝国的衰落，人们对体操运动的热爱也随之淡去。

▲ 一直以来，中国体操运动员都以一个又一个胜利证明自己是当之无愧的世界冠军。2012年伦敦奥运会，由陈一冰、邹凯、张成龙、郭伟阳、冯喆组成的体操队获得男子团体金牌。

▲ 在2012年伦敦奥运会男子吊环决赛上，中国选手陈一冰以完美的表现结束了全部动作，赢得全场掌声。虽遗憾摘银，但在全世界体操爱好者心中，他是永远的“吊环王”。

你知道吗？

技巧运动员

马戏团到小镇了！喔，不——这不是马戏表演，是技巧运动。它是第三种体操，有严格的规则和自己的专业组织，所以它并不是那些失去了胆量的高空秋千演员的避难所。单独表演的技巧运动员用连续空翻来了一个“跟头串”。团体项目则是由整队、或双人、三人、四人一起做平衡表演，看起来每个人的位置都挺玄乎，但却能奇迹般地保持平衡。合着音乐的节拍，团体表演的运动员们做着快速的空翻动作。

相关数字

以下是国际成人体操比赛中的有关数据：

双杠：高 1.95 米，长 3.5 米。

单杠：高 2.8 米，长 2.4 米。

鞍马：上缘距离地面高 1.2 米，距离马背高 0.12 米；长 1.6 米，宽 0.35 米。

吊环：环缘距离垫子高 2.55 米。

跳马：马身长 1.60 ~ 1.63 米，马身宽 0.35 ~ 0.36 米。高度可调节，女子跳马的马身高 1.25 米，男子跳马的马身高 1.35 米。

高低杠：低杠高 1.30 ~ 1.60 米，高杠高 1.9 ~ 2.4 米，横杠长径 5 厘米，短径 4 厘米。

平衡木：长 5 米，宽 0.1 米，高 1.2 米。

自由体操：场地面积 12 平方米，女子自由体操表演时间通常为 70 ~ 90 秒，男子为 50 ~ 70 秒。

▶ 2012 年伦敦奥运会女子自由体操表演中，美国选手娜斯佳·柳金将身体弯成如此高难度姿势——面朝后！

19 世纪，德国的弗里德里奇·贾发明了一些适于现代体操运动使用的设备，包括杠类器械。而来自瑞典的皮尔·林对器械不感兴趣，他设计了多人集体表演的项目，这种瑞典风格的表演出现在 1912 年和 1920 年的奥运会上，可惜它没有大获成功，因为只有瑞典人参与了此项运动。但这些来自德国和瑞典的思想火花，却使体操运动重获新生。1881 年，体操运动的专业组织——国际体操联合会成立。

在早期的几次奥运会上，这项运动并没能流行起来。棒操表演时器械不幸落地，攀登的绳索又扎手又满是灰尘。意大利运动员阿尔伯特·布拉格里亚最惨，需要用单只手爬上 10 米高的绳索！但是，还是有些艺术性比较强的体操项目保留了下来：男子的双杠、单杠、鞍马和吊环；女子的高低杠、平衡木；还有男子和女子都适用的跳马和自由体操。

▲ 荷兰选手佐德兰德在 2012 年伦敦奥运会中获得单杠金牌，他的单臂大回环舒展而潇洒。他手上戴着皮护手，这样抓握更有力。这个项目需要经常腾跃、抓杠，要是脱手，那可就前功尽弃了。

裁判小组的出现

比赛时，体操运动员要在裁判小组面前表演规定和自选动作。世界锦标赛和奥运会都有 6 名裁判，每个人能打的最高分是 10 分，运动员的每个失误都会被扣分，比如：跌倒扣 0.5 分，摇晃扣 0.1 分，最后除去一个最高分和一个最低分，其他分数的平均数就是最后得分。每一种器械的比赛，运动员都要做规定动作和自选动作。规定动作由国际体操联合会制定，每 4 年修订一次，以检验对一些特殊技巧的掌握程度；自选动作由运动员选定，可以充分地展示自己最擅长的动作。动作根据难度有不同的分值，有些还必须达到一定的难度系数。

体操比赛照例是由团体赛拉开帷幕，每队的 6 名队员在每一种器械上完成自己的规定和自选动作，把 6 个得分中最好的 5 个相加，就是全队的总得分，这个得分决定了全队的最后排名；排名前 36 名的选手（每个国

应韵律而动

艺术体操到底是一项运动还是一种艺术？和花样滑冰一样，一些思想僵化的人认为随着音乐起舞一类的运动应该限制在舞厅里，而不应该出现在奥运会上。从事艺术体操的女孩子们和从事自由体操的运动员是一样的，连用的场地也同样是那块 12 平方米的地板！

艺术体操运动员同时也使用手持的器械，她们挥舞、轻叩或高抛两根木制或塑制的彩棒；反弹、滚动、高抛橡胶或者塑料的圆球；滚动圆环，或在圆环中跳进跳出；或挥舞着棍棒顶端的丝带，舞出一串美丽的圆弧。她们的规定表演时间为 60 ~ 90 秒。每队有 6 个人，每个人单独表演，也有全队的集体表演。实际的表演比我们看起来困难得多，让人应接不暇的奔跑、旋转、抛接等。各项动作她们都必须完成得轻松而优美。

家最多3名）再在所有的器械上各完成一套动作，把得分相加，以此决定个人全能赛的名次；最后，团体赛中每个单项成绩最好的前8名将进入个人单项决赛，这时，体操运动员可以在自己最喜爱、最拿手的项目上角逐奖牌了。

▲ 在2004年雅典夏季奥林匹克运动会上，中国的范晔似乎要用平衡木上惊人的腾越来挑战地心引力！

富于艺术性的器械

最受青睐的器械是一块最简单的、弹性十足、有衬垫的地板——自由体操的场地。女运动员随着音乐做各种动作，把舞蹈和翻滚的技巧完美地结合起来，整套动作充分展现了自己的个性。男运动员不用音乐伴奏，他们通过翻腾展示力量美和平衡感。

女运动员和男运动员都参加跳马比赛，先是一段助跑，然后借助跳板的反弹力跃起，再靠手的推力越过跳马背。男子比赛中跳马的高度稍稍偏高，他们是纵向跃过跳马背，而在女子跳马中，跳马是横对着助跑的女运动员。

接下来是杠类器械，它们都是弹性材料做

太完美了！

14岁的罗马尼亚运动员迪娅·科马内奇在1976年的蒙特利尔奥运会高低杠上的表演震惊了整个世界，她是奥运史上获得10分满分的第一人。有这种完美无缺的可能吗？当时的电脑拒绝记录她的得分。俄罗斯人指出，她分了两步下杠，但事实上，她的整套动作难度很高，得分超过了10分。最后，为了适应这种最新的大胆动作尝试，不得不改进整个记分系统，有时人们把这种运动员叫作“体操杀手”。

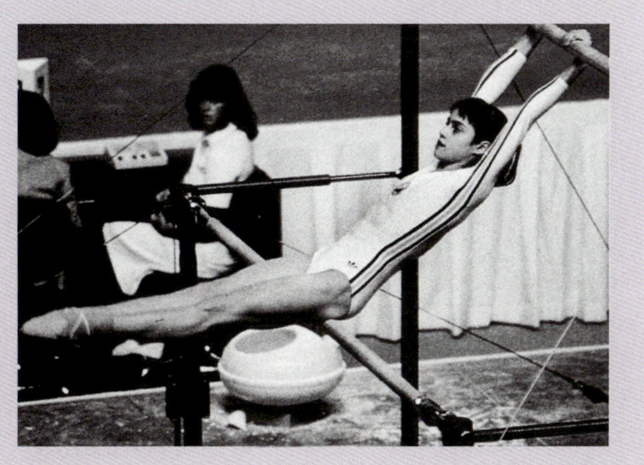

▲ 图中，俄罗斯选手穆斯塔芬娜从低杠上高高跃起，抓向高杠，动作如小提琴协奏曲一般流畅。在 2012 年伦敦奥运会中，她一举夺得高低杠金牌。

的，这样体操运动员在做回环、腾越、抓杠、倒立和扣人心弦的翻转下杠等动作时可以弹得更高。女子的项目是高低杠——两根固定在不同高度的杠，由玻璃纤维或木头制成。每套动作至少要包括 10 个动作要素，在一根杠上最多只能连续进行 4 个动作，所以两杠之间流畅的衔接非常重要。男子参加的项目是双杠和单杠，单杠是钢制的，运动员在单杠上完成让人眼花缭乱的旋转。双杠是两根切面呈椭圆形、固定在同一高度的木杠，体操运动员绕杠做各种回环旋转，但要求腿和身体其他部分不能触杠。

平衡木是一根包着小山羊皮的木头，只有 10 厘米宽，但是体操运动员需在上面跑、跳、做侧手翻或者空翻，因此做这些动作时必须充分利用整段平衡木的长度。虽然动作有一定的危险性，但运动员们还要尽量表现得优雅自如！

在男子鞍马项目的比赛上，运动员的动作范围也必须覆盖整个鞍马的长度。鞍马上有两个木制的把手，同样，男运动员也不能让腿或者身体碰到鞍马，他们经常用一只强健的手臂支撑起整个身体，双腿绕着鞍马“嗖嗖”地旋转。不过说到力量，男子吊环运动员的力量才叫厉害——千万别跟这些悬在空中的好汉比赛掰腕子！他们能完成最艰难的动作，保持最费力的姿势，比如十字支撑、直角悬垂、倒十字支撑等。

举重

一个面部扭曲的男人，他的肌肉膨胀着。在那强健的腹部张力的作用下，他腰间那厚厚的皮带发出“咔嚓”的响声。他的脸变成了紫色，他皮肤下的血管扭动着，像被充了电的蚯蚓一样。噢！不！天啊，他快要爆炸了！

别担心，对我们这些观众来说，幸运的是，举重运动员们是不会“爆炸”的——但如果他们真的“爆炸”了，谁又会谴责他们呢？毕竟，这些小伙子们能够举起比他们自身体重大三倍的重物，被他们举起的重物可以重达250公斤。

大约在一个世纪以前，身着金属紧身连衣裤的强壮男人在马戏团中表演。今天，他们是运动明星，尤其是在希

▲ 在2012伦敦奥运会举重男子77公斤级比赛中，中国选手吕小军以379公斤的总成绩打破世界纪录并夺得冠军，同时他还以175公斤的成绩打破了抓举世界纪录。这是吕小军的职业生涯中第4次打破该项目世界纪录，成为中国男举的历史第一人。

肌肉的骗徒

合成代谢类固醇（兴奋剂）帮助运动员们进行艰苦的训练。由于举重运动员需要肌肉凸出，他们尤其受这些非法药物的诱惑。1988年，举重堕落到一个低谷，因为有两名运动员被测出服用了兴奋剂，所以，保加利亚队退出了汉城奥运会的举重比赛。这项运动甚至差一点被从奥运会的比赛项目中除名。自从国际奥运会发誓要清除兴奋剂以后，举重运动员们都要在训练中接受药物测试。1993年，在举重比赛中，新的体重分类标准扫清了运动员服用兴奋剂的记录。在亚特兰大奥运会上，没有一名举重运动员被检测到服用了兴奋剂。

一直以来，健美运动都和兴奋剂联系在一起。但是10多年前，开始禁止在健美运动中服用兴奋剂。在竞赛前，运动员们都要接受药物测试。对违禁药物和非违禁药物的划分，可能会在所有的体育运动中使赛事显得相对公正。

腊、土耳其、德国、保加利亚以及俄罗斯和中国。国际举重联合会（IWF）每年举办一次世界锦标赛，奥运会中的男子举重也是赛事中的一项。

奥运风格的举重

以前的男子举重比赛分为 10 个级别，1998 年，国际举联紧跟“奥运瘦身”的潮流，将奥运男子举重的级别缩减为 8 个，参赛选手根据自己的体重选择参加相应级别的比赛。这 8 种重量级分别是 56 公斤级以下、62 公斤级以下、69 公斤级以下、77 公斤级以下、85 公斤级以下、94 公斤级以下、105 公斤级以下以及 105 公斤以上的超重量级比赛。参赛选手要举起一根钢棒（杠铃），钢棒两端都装有金属重物（圆盘）。每块金属重物（圆盘）的重量为 0.25 ~ 25 千克，它们用螺母锁定在杠棒上。随着比赛进行，杠上的金属重物（圆盘）不断增加，参赛者要尽力将重物举起，直到达到他们的承受极限。

在国际举重比赛中，有两个步骤。第一个步骤是抓举，这是一组平稳、连续性的运动；第二个步骤是挺举。抓举和挺举结合在一起，被举起的重量更大。许多人在挺举时承受的重量，往往比他们抓举时承受的重量多 30 ~ 40 千克。不管是挺举还是抓举，运动员都必须把杠铃举过头顶，伸展开手臂和腿，笔直地站立着，三个裁判会做出裁决。如果裁判亮起白灯，那么举重成绩就很好；如果裁判亮出红灯，就说明运动员打破了规则，不能记录举重成绩。

每一个运动员都要表演三次抓举和三次挺举。用抓举的最大重量加上挺举的最大重量，重量最多的人获胜。杠棒上的圆盘不会被移除，只会不断地增加，所以，参赛者必须选择在正确

▼ 我们真希望美国的科林·科勒能站在我们这一边——瞧，她脖子上的青筋，足以吓跑我们的敌人。

▲ 2004 年的雅典奥运会上，伊朗选手侯赛因·拉扎扎德以抓举 210 公斤、挺举 262.5 公斤、总成绩 472.5 公斤的较大优势夺得金牌，并同时打破由他自己保持的挺举世界纪录。拉扎扎德被称为“世界上最有力气的人”。

的时机举起它们；在许多举重比赛中，最初的重量都是“安全”的，以确保参赛者不会获得零分。如果两名运动员举起的重量是一样的，那么，体重较轻的那一位获胜。

力量举重

力量举重只是一种简单的举重运动，重量取代了技巧。力量举重运动员要表演三项技巧。在深蹲时，他们要把杠铃举在肩上；在硬拉中，要把杠铃从地面上提举到大腿处；在卧推中，他们要躺着，把杠铃朝上推。获胜者是举得最高、最重的那位。

健身的杠铃

举重锻炼是指在家里或者体育馆，利用重量来推动健身。它可以塑造身体的某一部分的肌肉，例如用标枪投掷可以塑造手臂的肌肉。进行举重锻炼的人使用杠铃，或者其他多种体育器械，这些器械可以被安装在滑轮上，也可以调整它们的重量。他们把各种重复性的动作组合成全套动作；再把全套动作组合成连续性的动作。通过这种方式，进行举重锻炼的人就可以每天利用几种体育器械进行日常锻炼。

健美运动员尤其需要举重训练，把他们的身体塑造成理想的肌肉形状。在例如“环球先生”这样的赛事中，他们会在一组裁判员面前摆出各种姿势，裁判们对他们的体形做出评估。例如，一名体形不是太好的健美运动员，可能除了强壮以外，他还要有更多的肌肉。

抓举还是挺举

你的体型是柔软型的，还是运动型的？是否适合进行富于曲线的抓举运动？或者你体形粗壮，适合力量型的挺举运动？现在让我们来看一看吧，但是要记住，就算你只喜欢其中一种，你也需要学习两种举重。

这两种举重方式都允许锁握。在抓握杠铃时，运动员都可以把拇指蜷缩着，其余四根手指压在拇指之上。抓举运动员在举重中不能停，但挺举运动员必须暂停一会儿。首先，他们要把杠铃提到胸前，再把杠铃推上双肩。然后是不受限制恢复期，这时，运动员可以调整自己对杠铃的抓握。此时，挺举运动员可以休息一会儿——把重重的杠铃搁在自己胸上。最后，他要劈开腿，身体下沉，把杠铃举上头顶。在两种举重方式的最后，参赛者都要笔直而静静地站立。

箭术和投掷

啪！罗宾汉放下他心爱的用普通紫杉树枝做成的长弓，邀请20世纪的射手试一下他的弓箭。但当他看到令人恐惧的20世纪的弓箭时，一丝苦笑闪过他的脸庞。

大多数专业射手使用的都是反曲弓。这是一种由多种材料组合成的弓，这种弓有坚固耐用的金属把手，弓把的上下部是用柔韧的碳纤维制成的，效果超强。弓的前面有长而尖的辅助装置：稳定器和平衡力装置有助于保持箭身稳定，瞄准器能够确保射手连续精确射击。让我们面对现实吧，罗宾汉已经成为历史了——当今天的射手们调节瞄准器时，那些昔日的绿林好汉们正忙着调整紧绷的弓弦呢。

复合弓有单独的比赛项目。这种设计精巧的弓安装着滑轮，弓弦可以非常平稳地拉开和收回。在复合弓和反曲弓的比赛项目中都包括自由式射箭；在裸弓等比赛项目中，射手使用的是传统的弓，这种弓上没有安装新发明的固定装置和配件。

绝大多数射手最初都是在当地俱乐部中进行射箭活动。他们的装备，包括弓、箭、箭囊以及保护皮肤的护具，大约需要200英镑。箭术比赛既有俱乐部的比赛，也有全国的比赛，还有国际射箭联合会（FITA）组织的国际性比赛。

▲ 一名射手正用他的反曲弓箭瞄准目标。箭的上方是瞄准器，下方是稳定器。箭杆的长度可以达到76厘米，较短的V型箭把也有25厘米。

闪电般的弩箭

什么东西是由弓射出的，但是却“跑”得比箭远呢？问一问哈里·德雷克吧。1988 年，他的弩箭射出的距离是 1871.84 米。弩箭在射击目标时也非常精确，是理想的标靶射箭工具。

比赛在 30 米长的射击场内进行。射击时可用站姿也可用坐姿，机械靶会向射手移动过来，这样他们就可以查看自己的得分情况了。

野外射箭比赛和标靶射箭比赛相似，在国际性比赛中，射程为 65 米。使用这些高性能的精准“武器”，德国队总是能够在国际锦标赛中表现得相当出色，从 1979 年到 1995 年，他们共获得了 57 项团体及个人的比赛冠军。

◀ 2008 年 8 月 14 日，中国老将张娟娟射落首枚奥运射箭金牌，将韩国人实现个人七连冠的梦打碎。至此，中国队已经在奥运会的 28 个大项中的 15 个项目中夺得过冠军。张娟娟的一箭，射出了历史。

箭术比赛

标靶射箭是奥林匹克运动会中的比赛项目，这项比赛在平地上进行。国际射箭联合会规定的箭靶上有5个同心圆环，从外向内分别是白色、黑色、蓝色、红色和金色。每一个圆环都有内环和外环，所以共有10个得分区。如果射手射中了靶心或者金色内环，将会获得最高分10分，如果射中白色外环将获得最低分1分。在射程为30米和50米的比赛中，箭靶靶面尺寸为80厘米，在射程较远的比赛中，靶面尺寸为122厘米。射手在规定的距离内射完规定的箭数就完成了一轮比赛。 在国际射箭联合会组织的男子比赛中，射手在每一轮中要分别在90米、70米、50米和30米的射程内各射36支箭，女子比赛的射程分别为70米、60米、50米和30米。每轮一共有144支箭被

▲ 图为英国飞镖运动员菲尔·泰勒在瞄准目标。他曾获得过飞镖七届世界冠军，因为他的杰出表现，外界尊称其为“世界飞镖皇帝”，更被英女皇授予MBE勋章。

运动还是休闲?

飞镖：它能有多复杂？每位选手的起始分数为501分，参赛者依次在靶子上投掷三枚飞镖，然后从起始总分中减掉三次投掷的分数。选手的积分随投掷得分递减，首先将积分减为0者获胜。如果10轮投掷完后没有积分为0的选手，则积分最低者获胜。过去，飞镖比赛有两个管理机构：英国飞镖组织和世界飞镖理事会，但是它们之间的关系并不融洽，各自举行世界锦标赛。在英国政府内部，飞镖运动也备受争议，运动委员会认为飞镖仅仅是一种游戏，不应该得到和运动项目一样的礼遇，也不应该获得政府的资金支持。但是，既然射箭是一项体育运动，那为什么飞镖就不是呢？它们都属于箭的范畴，不是吗？

射出，所以每一轮比赛的最高得分是 1440 分。

射箭比赛的轮数和形式有很多种。为了吸引电视观众，奥运会中的射箭比赛设计了许多简短的、引人注目的比赛形式，既适合个人比赛，也适合团体比赛（三个人一组）。比赛射程为单一的 70 米，需要射的箭数也减少了。室内射箭比赛的射程只有 18 米和 25 米，靶面尺寸也较小。

野外射箭参赛选手要连续向周围的 28 个箭靶射箭。箭靶被放置在高低不平的地面上，和高尔夫球场差不多。在国际射箭联合会组织的这种比赛中，每个比赛场地至少有两条环形路线，射手们的射程会发生变化，并且在其中一条环形路线中，射手们无法判断射击位置和箭靶之间的距离。射手在每个箭靶前各射 4 支箭，如果每箭能得 5 分的话，在每轮比赛中将获得最高分 560 分。箭靶的直径也是变化的，从 15 厘米到 60 厘米不等，射程较近时，就使用直径较小的箭靶。最初，射箭是一种打猎形式，因此在非国际射箭联合会组织的野外射箭比赛中，箭靶通常都被固定在木制的动物上。

地环靶射箭比赛的参赛者要将箭射到放置在地面上的圆形箭靶环带上，男子比赛的射程为 165 米，女子为 128 米。喜欢远距离射箭的人们更喜欢射远射箭比赛的场地，在那里，他们能在尽可能远的射程内进行射箭活动。